영화음악의 언어

영화음악의 언어

1판 1쇄 발행 2024년 9월 2일 펴냄
안은정 지음

펴낸곳　모노폴리
발행인　강정미
편　집　신동욱
마케팅　김민수

출판등록　2005년 8월 9일 제2005-48호
주　　소　경기도 파주시 회동길 480 아트팩토리NJF-B동 437호
대표전화　031-944-6692
팩시밀리　031-944-6693
홈페이지　mpmusic.co.kr

ⓒ 안은정

ISBN 978-89-91952-86-7 (93600)

책 값은 뒤표지에 표기되어 있습니다.
파본은 구입하신 서점에서 교환해 드립니다.

영화음악의 언어

안은정 지음

모노폴리

추천의 글

 안은정 작가가 오랫동안 준비한 <영화음악의 언어>가 드디어 책으로 세상에 나온다. 늘 그렇듯 시작의 다짐과는 달리 그 과정은 힘들고 먼 여정이었을 것이다. 그만큼 뭔가를 한 권의 책으로 표현하고 정리하는 것이 얼마나 어려운 일이었음을 충분히 짐작하고도 남은 직하다.

 '영화', '음악' 그리고 '언어'를 하나로 묶는다는 것은 양가적 의미로 다가온다. 너무 당연한 듯한 느낌이 있는 반면에 좀 더 자세히 들여다보면 그리 쉬운 작업만은 아니기 때문이다. 영화, 영화산업의 발전에 따라 수많은 논문에서 영화음악이 분석되기는 하나 단언컨대 한 권의 책으로 생각과 논리와 의견을 정리하는 것은 쉽지 않은 일이 분명하다. 그러하여 나는 작가의 노고를 치하하는 바이다.

 이 책은 영화와 영화 속 음악에 관한 이야기를 다루고 있다. 영화는 다양한 요소들과 기제로 이야기를 끌어간다. 음악은 영화의 큰 요소이자 영화가 하지 못하는 숨겨놓은 이야기를 대신하기도 한다. 작가는 이러한 이야기를 주목하며, 이를 함께 설명하고 있다.

 작가는 20여 편의 영화를 분석하고 그 속의 음악들을 다양한 방식으로 설명한다. 이 다양한 방식은 틀에 박혀있지 않고 작가의 생각에 따른 넓고 풍부한 시각에 기반을 두고 있다. 이러한 시도는 영화와 영화음악을 공부하는 학생들, 영화 및 음악 관련 애호가들, 영화를 좀 더 다양하게 보려는 관객들에게 큰 힘이 될 것이라 믿어 의심치 않는다.

여러분들은 본문 속 각 챕터들이 다루는 '작은 타이틀'에 관심을 갖게 될 것이다. 작가는 다루는 영화를 분석하고자 영화적 개념들과 음악의 용어들을 사용하여 작은 타이틀을 병기하였다. 독자들에게 권유드리는 바, 처음에는 작은 타이틀에 큰 의미를 두지 말고 본문을 정독하고, 그 후 다시 챕터의 처음으로 돌아와 '작은 타이틀'을 다시 한번 곱씹어 보시길 바란다. 그러면 그 챕터와 영화에 대해 보다 깊은 이해와 공감을 가질 것임이 분명하다. 마치 영어공부를 위해 자막 없이 영어 영화를 먼저 보듯이.

'영화'와 '음악', 그리고 '영화음악'을 다양한 시각으로 보려는 독자들은 이 책을 읽는 동안 작가가 던지는 주제와 내용에 대해 '언어'로 서로 대화하는 흔치 않은 경험을 하게 될 것이다. 마지막으로 작가로서의 첫걸음을 축하하고 새롭게 만들어낼 이야기에 큰 기대를 가지고 있음을 고백한다.

서울예술대학교 총장 유태균

들어가는 글

 우리는 영화를 보며 타인의 삶에 자신을 투영하고 그것을 주시하며 새로운 감정을 경험하는 즐거움을 얻는다. 그리고 그 감정의 시작은 영화를 바라보고 귀를 기울여 듣는 매우 보편적인 행위로부터 시작된다. 우리가 바라보는 영화는 그렇게 오랜 시간 음악과 함께 움직여 왔다.

 영화음악이 영화라는 거대한 테두리 안에 종속되는 한 분야임을 반론할 자신은 없으나, 적어도 영화에서 흘러나오는 음악의 힘을 절실히 체감하는 사람으로서, 한 번쯤은 내가 경험한 영화를 보고 듣는 마음 즉, 영화를 온전하게 소유하는 마음을 정리해 볼 필요가 있었다. 이 책은 그러한 마음을 담아 한 줄 한 줄 이어 만든 책이다.

 음악을 문자로 교환하여 써 내려가는 일은 꽤나 막연한 두려움을 포함하는 일이었다. 지극히 추상적이고 주관적인 무언가를 실존으로 표현해야 하는 압박으로 시작했다 끝나는 시간 속에서 그럼에도 음악에 대한 글을 이어갈 수 있었던 것은 영화가 던지는 미지의 단어들을 통해 엮어지는 완벽한 문장들이 있었기 때문이었다. 그리고 영화 속에 담겨있는 음악은 또 다른 영화의 언어가 되어 나에게 다가왔다. 그렇게 영화가 그려내는 정경들을 음악으로 펼쳐내는 환희를 이 책을 통해 공유할 생각이다.

책에서 다룬 영화들은 온전히 나의 주관적인 애정만으로 선택되었다. 그리고 영화의 나열 또한 무작위에 가깝다. 본문 속 각 챕터를 다루는 작은 타이틀은 영화음악의 학술적 이론을 기초하여 분석하였고 여러 영화적 개념들과 음악의 용어들이 등장할 때가 많았다. 그러다 보니 자칫 영화음악의 연구에 가깝게 느껴질 때도 있어 원래 이 책을 쓰려던 의도에 어긋난 게 아닌가 싶은 고민도 있었다. 그러나 이 책이 영화음악에 대한 이해와 애정을 더욱 높여주는 시작이 되길 희망하는 마음은 한결같다. 영화와 영화의 음악을 사랑하는 독자들의 마음에 이 책이 흥미롭게 기억되었으면 좋겠다. 가끔 주관적인 해석이 들어있는 문장은 그것이 영화에 대한 나의 지나친 애정으로 이해주길 바란다.

책 출간의 기회와 더불어 다듬어지지 않은 글을 정성스레 정리해 준 모노폴리 출판사 여러분과 바쁜 일정 중에도 시간을 내어 부족한 글에 추천사로 힘을 실어주신 서울예술대학교 유태균 총장님께도 깊은 감사를 드린다. 언제나 나를 지탱해준 부모님과 가족, 지인들. 그리고 긴 터널 속에서 무용한 일을 하는 것 같은 매 순간 한결같은 응원과 지지를 보내준 나의 단짝 김지훈에게도 이 책을 빌어 고마움을 전하고 싶다.

2024년 8월 안은정

차례

추천의 글   004
들어가는 글   006

원더스트럭(Wonderstruck, 2018) :: 침묵 속의 음악   **011**
로마(ROMA, 2018) :: 사운드의 리얼리티   **019**
랜드 오브 마인(Under sandet, Land of Mine, 2015) :: 음색의 심리   **028**
이웃집 토토로(My Neighbor TOTORO, 1988) :: 일본 애니메이션의 동심   **037**
덩케르크(Dunkirk, 2017) :: 음향의 음악, 그리고 음악의 음향   **046**
케빈에 대하여(We Need to Talk About Kevin, 2011) :: 영화음악의 이화작용   **058**
컨택트(Arrival, 2016) :: 영화음악에 등장한 미니멀리즘   **068**
문라이트(Moonlight, 2016) :: 라이트모티프   **079**
콜 미 바이 유어네임(Call Me by Your Name, 2017) :: 한 여름의 피아노   **089**
그린 북(Green Book, 2018) :: 클래식과 재즈의 대립적 구조화   **100**
그랜드 부다페스트 호텔(The Grand Budapest Hotel, 2014) ::   **111**
      이국적 재현의 음악

서스페리아(Suspiria, 2018) :: 공포를 촉발하는 음악의 기술	**123**
스탈린이 죽었다!(The Death of Stalin, 2017) ::러시아음악과 정치	**134**
윤희에게(Moonlit Winter, 2019) :: 조용하고 고요했던 그 겨울의 피아노	**142**
헤어질 결심(Decision To Leave, 2022) :: 음악으로 그려내는 멜로	**152**
조커(Joker, 2019) :: 심연 속의 첼로	**162**
업(Up, 2009) :: 음악의 변주	**171**
아무도 모른다(Nobody Knows, 2004) :: 일본 영화음악의 서정성	**181**
비우티풀(Biutiful, 2010) :: 기타리스트의 영화음악	**192**
너는 여기에 없었다(You Were Never Really Here, 2017) :: 가장 얼터너티브한 영화음악	**203**

일러두기

영화와 관련된 단어의 경우, 아래의 서적을 참고하고 인용하였음.
- 『영화용어해설집』(이승구·이용관, 영화진흥공사, 1990년)
- 『영화사전』(김광철·장병원, 미디어2.0, 2004)
- 『영화영상용어사전』(이경기, 다인미디어, 2000년)

원더스트럭(Wonderstruck, 2018) :: 침묵 속의 음악

토드 헤인즈(Todd Haynes, 1961) 감독의 영화 원더스트럭은 브라이언 셀즈닉(Brian Selznick, 1966)의 원작 소설의 이미지와는 사뭇 다른 무언가가 있었다. 소설 속에서 펼쳐지는 벤과 로즈의 이야기와 그 시대의 모습들은 삽화로 그려지는 이미지보다 더욱 강렬한 환상이 존재한다. 뉴욕을 배경으로 한 이 영화는 같은 도시 속 다른 시대를 살고 있는 벤과 로즈를 보여준다. 선천적 청각 장애인 로즈(밀리센트 시몬스, Millicent Simmonds)는 1927년의 뉴욕에서, 그리고 후천적으로 청각을 잃은 벤(오크스 페글리, Oakes Fegley)은 1977년의 뉴욕에서 머무르며 50년의 공간을 흑백 화면과 컬러 화면의 교차라는 새로운 시각을 통해 각자의 이야기를 서술해 나간다. 꿈을 따라 뉴욕에서의 행보를 이어가는 이 어린 두 남녀는 뉴욕의 자연사박물관에서 각자의 방식대로 마음의 위로를 경험하고, 그들이 찾던 이상에 가까워질수록 평행론과 같이 반복되는 벤과 로즈의 공통적인 부분들은 자연스레 혈연으로 연결된 그들의 관계를 확인시켜준다.

 토드 헤인즈 감독은 이처럼 천진하고 동화적인 스토리텔링과 반짝이는 별과 같은 꿈을 좇는 두 아이들의 그림을 영화의 기술을 빌려 표현하려 했을 때, 영화적 스토리 그 이상의 것들을 제시하고 싶었던 것이 분명하다. 그것은 흑백 무성영화에 대한 기억으로의 환기로부터 시작된 영화사에 대한 찬사를 의미하고 있었다. 1927년, 마침내 영화는 레코딩 기술의 진화를 거쳐 장면과 일치된 사운드 – 대사, 효과음, 음악 – 를 재생할 수 있는 토키시대가 열렸고 이를 유성영화의 시대라고 한다. 돌려 말하면, 영화가 시작된 1895년부터 30여 년간의 무성영화의 시대는 이러한 사운드의 요소들을 모두 외부의 음악으로 대체하여 묻어간다거나 전혀 사용하지 않는 방식을 취해왔던 것이다. 무성영화로의 접근은 선천적 청각장애인인 로즈의 내면을 설명하기에 매우 적합한 방식이었다. 들리는 영화의 인식이 불가능 한 로즈에게는 모든 영화의 장면이 무성영화로 인식되었을 것이었기 때문이다. 무성영화는 시각에 철저히 의존해야 하므로 화면 이미지를 극대화시키기 위한 다양한 방식을 사용하여 관객들의 주목을 끌어왔는데 가령, 배우의 과장된 동작 혹은 표정 연기에 집중한 클로즈업 쇼트나 편집, 조명 등과 같은 다양한 방면에서 확대된 연출을 시도하는 경우를 말한다. 이러한 연출 방식으로 소리가 없는 영상 이미지를 통해서도 충분한 영화의 이해를 남길 수 있는 것이다. 마치 귀가 들리지 않던 로즈가 영화를 이해하는 방식처럼 말이다. 토드 헤인즈 감독은 이러한 무성영화의 특징적 스타일을 반영하여 1927년의 로즈를 담아내었고 한 세기 동안 이어온 영화사에 마치 헌정을 작정한 듯 21세기적 무성영화를 창출하였다. 그것도 상당한 수준으로 말이다.

들리지 않는 영화 속의 음악

영화음악사를 거슬러 올라가보자. 필름이 돌아가며 발생하는 영사기의 소음과 관객석에서 흘러나오는 소리를 차폐시키기 위한 용도에서 비롯되었다는 영화음악의 시작은 이처럼 음악의 본질적인 이유보다는 다소 부차적인 것에서 시작되었다. 초창기 무성영화 상영의 대부분은 라이브 음악 연주가 스크린의 옆에서 동시에 이루어졌다. 피아노 한 대만으로 영화의 처음과 시작을 온전히 메꾸었던 방식이 점차 오르간에서 실내악 그리고 오케스트라의 연주로 확장되어 갔다. 당시 영화음악의 대부분은 고전 클래식 음악에서 화면의 분위기에 맞춰 어울리는 음악을 선곡하여 사용하는 방식이었는데 상황이 여의치 않을 경우 극장의 규모나 영화의 스케일에 따라 오르간이나 실내악으로 재편성된 음악을 사용하기도 하며 영화 스크린의 옆에서 적극적인 도움을 주었다. 이러한 무성영화의 관람 방식은 로즈가 유명 배우인 엄마를 그리워하며 엄마가 출현한 영화 <폭풍의 딸>(Daughter of the Storm)을 관람하는 장면에서 사실적으로 재현했다. 당시 극장에서는 내부의 넓은 공간을 음악으로 가득 메꾸기 위해 파이프가 달린 오르간(마이티 월리처, Mighty Wurlitzer)을 연주하였다. 영화의 시작과 함께 스크린 옆에서 울려퍼지는 오르간 소리는 관객들의 집중을 이끌고 영화의 장면에서 벌어지는 일을 설명해주기도 하며, 분위기를 묘사하고 주위를 이끌만한 시각적 요소의 효과음을 대신하기도 한다. 영화를 위해 고용된 한 명의 오르간 연주자가 영화를 위해 얼마나 큰 역할을 해내는지 알 수 있다. 이 장면의 연출을 위해 감독은 1.33:1의 필름으로 흑백 무성영화를 완벽히 재현해 냈고 우리는 다시 경험할 수 없는 무성영화의 시네마 시대를 눈으로 확인하는 호사를 누릴 수 있었다.

  무성영화는 무언의 상태로 시각적 이미지를 통해 이야기를 전달한다. 그러기에 미처 표현하지 못한 것들을 자막으로 대신해 이해를 돕기도 한다. 그러나 음악은 이 모든 것을 담아 마치 또 다른 대사처럼 서사의 리듬을 표현한다. 무성영화의 과장된 연기와 표정의

영화 〈원더스트럭〉의 1927년 극장 마이티 월리처의 연주 장면

움직임처럼 동반되는 음악은 매우 직접적이고 때로는 음향적이다. 영화 속 로즈와 아버지의 식사 장면을 보면 대부분의 음악은 배경음악적 기능을 발휘하지만 아버지의 몸짓이나 과장된 행동에 따라 음악은 음향적 움직임으로 표현된다. 아버지의 강압적인 통제에 대립하는 로즈의 모습은 그녀의 가출을 유발시키는 중요한 원인으로 작용하는 만큼 격한 감정을 표현하는 긴장된 장면이다. 긴장감을 유발시키기 위해 분위기를 고조시키며 음악을 쌓아나가는 방식 외에 인물의 움직임에 따라 피아노를 내리치는 방식이나 피아노의 현을 빠르게 긁는 톤 클러스터 기법으로 장면의 날카로움을 극대화해 나간다. 이 장면에서 구멍난 신문을 통해 딸을 감시하는 아버지의 모습이나 격양된 감정으로 식탁을 두드리는 아버지의 제스쳐는 무

무성영화의 과장된 제스처 장면

성영화에서 흔히 표현되는 강력한 효과의 연출 방식이며 이러한 장면에서 음악은 또한 희극적이거나 과격함을 창출하기 위한 효과음적 요소로 사용되었음을 확인할 수 있다.

음악으로 표현된 시각적 이미지

영화 <원더스트럭>의 음악감독은 이미지와의 적극적인 연관성을 드러내며 응축된 해석을 표현하기 위해 고군분투한다. 음악감독

카터 버웰(Carter Burwell, 1955)은 이 아름답고 아기자기한 이야기의 음악을 제작하기 위해 어떠한 이미지를 그리고 상상했을지 짐작이 된다. 이 부분은 영화의 오리지널 스코어를 들으면 더욱 확연해진다.

주인공 벤과 로즈는 별을 사랑하는 아이들이다. 아버지의 부재에서 늘 아버지의 존재를 확인하고 싶어 하는 벤은 하늘을 바라보며 아버지를 그린다. 밤하늘의 별과 디졸브 되며 떠오르는 로즈의 얼굴은 곧이어 로즈가 그토록 동경하고 그리워하는 스타, 엄마의 기사로 연결된다. 이 아이들의 공통점은 이토록 자신만의 별을 사랑하고 그리워한다는 것이다. 두 주인공의 연결고리인 별은 음악의 재료로서 작용한다. 반짝이는 작은 별의 이미지는 차임벨(chime bell)* 이나 첼레스타(celesta)*와 같이 음역대가 높은 금속성의 타악기를 통해 음악으로 묘사된다. 이러한 시각적 비주얼에 집중한 음악의 창작 방식은 많은 영화음악감독들이 선호한다. 악기의 음색을 통해 전달할 수 있는 영화의 소재에 대한 영역은 매우 이상적이기 때문이다. 할머니가 된 로즈와 손자 벤은 퀸즈 미술관에서 마침내 조우하게 되고 벤은 12년 만에 아버지의 존재를 확인한다. 대규모 정전 사태로 암흑이 된 뉴욕의 도시에서 벤과 로즈는 어느 때보다 밝고 명료한 밤하늘의 별을 바라볼 수 있게 되었고, 벤과 로즈의 관계를 확인하며 영화는 잔잔히 마무리된다. 그리고 이어지는 음악은 다채로운 타악기와 별을 형상화하는 악기들의 연주로 환상적인 동화의 이미지를 펼쳐낸다. 이처럼 시각적 이미지를 통해 청각적 폭을 넓히는 음악의 기술, 그리고 언어장애를 가진 두 아이들을 통해 언어의 소리로 미처 표현하지 못한 것을 시각적으로 옮겨 그리는 과정에서 다채로운 시각과 청각의 횡단을 경험할 수 있다.

*차임벨(chime bell): 18개의 금속관을 매달아 해머로 쳐서 소리를 내는 타악기.
*첼레스타(celesta): 강철로 만든 음판을 해머로 쳐서 소리내는 피아노 모양의 작은 타악기.

로마(ROMA, 2018) :: 사운드의 리얼리티

아름다운 그레이 톤의 재현을 그린 영화 <로마>(Roma, 2018)는 알폰소 쿠아론(Alfonso Cuaron, 1961) 감독의 과거 어린 시절을 고스란히 담은 자전적 영화이다. 영화를 바라보는 우리에게 1970년대 멕시코시티의 풍경 속 한 가정의 모습을 전달하고 이 가족 안에서 함께 삶을 유지하며 살아가는 한 가정부의 삶을 조망한다. 그리고 조금 더 깊은 이미지 속으로 들어가 보면 민주화 운동이 한창이던 멕시코의 시대적 배경을 배치시키며 당시 역사의 사건을 그대로 녹여 영화로 재현해냈다. 영화 <로마>는 곧 멕시코의 역사이자 감독 스스로를 그린 사실주의 영화인 것이다.

쿠아론 감독이 자신의 어린 시절의 경험과 당시 시대의 사건 재현을 위해서 들인 노력은 여러 매체에서 언급된 바와 같이 매우 정교하고 섬세하다. 자신이 살던 집 내부를 그대로 복원해 세팅하기를 원했고, 여전히 그곳에 거주중인 친척들에게서 소품을 가져와 미장센*을 꾸려 놓기까지 한 것이다. 이러한 애정은 감독 자신의 유년기에 대한 회고와 자신을 보살펴 준 클레오에 대한 찬사, 그리고 이 영화를 경험한 관객들에게 자신이 살았던 그 시대 그 장소로의 경험을 선사하고 싶었던 것이 아닐까! 영화 로마에서 표현하는 흑백의 도시는 또 다른 보통의 흑백 영화보다 선명한 톤과 밝은 분위기를 보여주며 인위적인 조명이나 장치의 도움 없이 그 어떤 컬러 영화보다 화려한 모습을 상상할 수 있다.

멕시코의 사운드 풍경

<로마>에서 흘러나오는 음악은 모두가 디제시스 음악(diegesis music)*이다. 관객의 감정유도를 위해 스크린 밖에서 흐르도록 배치된 음악은 없다는 의미이다. 모든 음악은 인물이 속한 공간에서 흘러나오는 음악이며, 심지어 영화의 시작을 선포하는 오프닝 시퀀스에서의 그 흔한 테마음악도 존재하지 않는다. 오프닝 시퀀스에서 부감(high angle)으로 클로즈업된 바닥의 이미지는 클레오가 청소를

영화 〈로마〉의 오프닝 시퀀스

하며 끼얹은 비눗물로 덮여가고 빗자루가 바닥에 쏠리는 사운드와 사이사이 주기적으로 반복되는 청소하는 물소리의 교차는 그 어떤 화려한 오케스트라의 오프닝 테마음악보다 강렬한 영화의 도입을 이끈다. 특히 이 오프닝 시퀀스를 시작으로 영화는 줄곧 오프사운드(off-screen sound) 방식을 채택했다. 오프사운드 방식이란, 화면 내에 존재하지는 않지만 외부로부터 소리는 들리고 있는 상황을 연출한 사운드디자인을 말한다. <로마>의 오프닝 크레딧을 여는 격자무늬의 시멘트는 그것이 바닥을 보여주는 각도인지 벽면을 찍은 것인지 처음에는 아무런 상상을 할 수 없지만 곧이어 들려오는 바닥의 물소리와 이동하는 신발 소리, 그리고 빗자루로 물을 쓸어내는 소리들이 복합되며 관객들은 바닥을 청소하는 장면임을 자연스레 연상하게 된다. 또한 이 공간에서의 사운드는 카메라가 펼쳐진 위치를 중심으로 좌우상하 공간의 여백을 체감시키기도 하고, 전달된 소리의 이미지를 통해 멕시코의 한 가정집 아침에 들을 법한 각양각색의 사운드를 밀도 있게 표현한다. 이 장면에서 우리는 흔히 경험했던 오프닝 테마의 자극적인 요란함보다는 사운드 연출에 집중을 하며 천천히 영화 속으로 진입하게 되는 것이다.

오프사운드의 연출은 사운드의 리얼리즘을 완벽히 묘사해낸다. 우리가 실제 삶에서 어느 공간에 놓여 있을 때를 상상해보고 그 속에서 우리의 시각이 비추는 공간 외에 벌어지는 무수한 소리들이 우리 귀를 통해 들어오는지를 생각해보면 된다. 그리고 그동안의 영화들이 얼마나 최소한의 사운드 요소들만 선별하여 넣었는지, 그리고 그러한 사운드로 디자인된 영화들에 관객들이 얼마나 익숙해져 있는지 생각해보면 영화 <로마>의 사운드 리얼리티에 재차 놀라지 않을 수 없다.

쿠아론 감독의 어린 시절의 기억을 그대로 재현하고자 몰두했던 노력들은 영화의 사실적 묘사들을 이끌며 리얼리즘의 표현을 위한 다양한 방식이 채택된다. 과도한 조명 대신 자연광을 주로 선택한 점이나 딥포커스(Deep focus)*를 사용한 점, 그리고 잦은 쇼트의 분할 대신 긴 호흡의 롱테이크(Long-take)*를 쓴 것은 아마도 자신의 기억이 왜곡되거나 미화되고 싶지 않은 있는 그대로의 추억으로 남기고 싶

영화 〈로마〉의 디제시스 음악

었을지도 모르겠다. 영화에 배치된 모든 음악이 흘러나오는 발원지가 영화 속에 들어있다는 것은 음악으로 도움 받을 수 있는 외부적 영화음악 연출을 거절한 것이며 사운드의 리얼리즘을 생각한 것이다. 클레오가 일하는 공간에는 늘 라디오가 놓여 있으며 멕시코 특유의 경쾌하고 낭만적인 음악이 흘러나온다. 영화에서 나오는 대부분의 음악은 라디오나 LP에서 재생되는 음악을 클레오가 가사노동을 하며 즐겁게 흥얼거리는 음악이거나 상점에서 틀어놓은 음악이 그대로 흘러나오는 것이다. 그리고 이것은 모두가 가사가 있는 음악이다. 음악의 모든 가사는 의미를 부여한다. 그리고 영화의 주인공인 클레오(얄리차 아파리시오)가 따라 부르는 순간 또 다른 대사가 된다. 유심히 가사를 기억할 수밖에 없다.

"내가 가난하다고 말하면 다시는 웃어주지 않겠지.

모든 걸 갖고 싶지만, 네게 다 주고 싶지만

난 태생이 가난하기에 넌 날 사랑하지 않겠지"

사운드의 비주얼

쿠아론 감독의 기억은 시각적 요소에만 그치지 않았다. 시각적 재현만큼이나 청각적 요소들까지 완벽히 복원시켜 놓으며 관객들을 1970년의 멕시코 로마로 이끈다. 영화의 소리들 가운데 특정한 시공간의 표현을 위한 앰비언트 사운드(ambient sound)*는 영화 사운드의 주된 요소이며, 이것을 영화적 현실의 소리처럼 사실감 있게 구현해내기 위해 현장에 투입된 녹음 스텝들은 상상 이상의 많은 노력을 기울인다. 촬영 현장에서 카메라가 관객의 눈이 된다면 마이크는 귀가 된다. 360도로 개방되어 있는 우리의 청각을 재현하기 위해 녹음 스텝들은 다양한 위치에서 그 공간에서 생성되는 다채로운 소리들을 담는 작업을 한다. 영화 <로마>의 현장 녹음 사운드 파일의 크기가 일반 영화보다 여섯 배 많았다는 이야기는 촬영장 곳곳의 소리를 얼마나 세밀하게 포착하고 기록했는지 알 수 있는 대목이다. 이로써 우리가 영화를 눈으로 확인하는 그 찰나에도 우리가 특별히 인지하지 못하는 수많은 사운드들이 자연스럽게 우리를 지배하게 된다. 영화 <로마>의 사운드는 계층적으로 쌓여 영화적 공간의 소리를 재현한다. 그리고 그것을 듣는 관객으로 하여금 멕시코 로마에 놓여진 것과 같은 착각을 주는데, 이것은 영화의 공간을 만드는 사운드의 앰비언스 계층인 전경, 중경, 원경의 거리감과 상하 좌우의 공간감을 사운드로 매우 세밀하고도 정교하게 배치하는 것이다. 이렇게 사방의 공간 속에 메워져 객체화된 소리들이 좌우의 영역만 표현할 수 있는 스테레오로 재생이 된다면 그만큼 억울한 일이 아닐 수가 없다.

<로마>는 넷플릭스(Netflix)를 기반으로 제작된 영화이지만 이례적으로 극장개봉을 동시에 했다. 이 영화를 극장에서 경험한 대부분의 관객들은 가능하면 극장 시스템으로 볼 것을 권하는데 그것은

영화 <로마>의 엔딩 장면

돌비 애트모스(Dolby Atmos)* 사운드 시스템의 경험 때문이다. 영화 <로마>의 사운드 제작으로 아카데미 음향 효과상을 거머쥔 사운드 믹싱 감독 스킵 리브세이(Skip Lievsay)는 촬영 현장에서 녹음한 사운드 데이터들을 수집한 후, 현실적인 사운드 재현을 위하여 애트모스 믹스를 진행하였다. 극장 내부의 360도 공간을 가득 메운 스피커에서 재생되는 <로마>의 입체감 있는 사운드는 소리의 생명성을 불어넣으며 경험하지 못한 영화 스토리의 몰입을 가능하게 한다.

영화 <로마>의 사운드는 카메라가 비추는 공간 속에서의 소리 재현에 집중함과 동시에 주인공인 클레오의 심리 반영에 무게를 두기도 한다. 사랑하는 남자에게 배신을 당하고 아이까지 사산하게 된 클레오는 밀려오는 파도에 맞서 홀로 바다를 건넌다. 클레오를 감싸고 있는 거친 바닷바람 소리와 파도 소리는 그녀의 혼란스러운 과거와 그녀를 지배하고 있던 죄책감을 표현하며 더욱 거세게 그녀를 압도한다. 파도를 넘은 클레오는 물속에 빠진 주인집 아이들을 구하고 나서야 비로소 자신의 아이가 죽기를 바랐다는 마음을 털어놓는다. 그리고 그녀의 고백과 함께 모진 풍파와 같았던 클레오의 과거 죄책감이 사라지듯 영화의 사운드는 잠잠해진다. 클레오의 감정이 그렇게 잠잠해지듯 말이다.

*미장센(mise-en-scène): 프랑스어로 장면 안에 무엇인가를 배치한다는 뜻이다. 애초 연극 공연 시, 무대 위에서 연출자의 의도로 만들어지는 모든 배치 구도를 '미장센'이라고 했다. 영화계에서는 카메라에 촬영되는 모든 것들이 감독의 의도에 따라 계획되고 배치되는 것으로 해석하면 된다.

*디제시스 음악(diegesis music): 영화의 장면에서 자연스럽게 흘러나오는 음악이다.

*딥포커스(Deep focus): 클로즈업에서 무한대에 이르기까지 모든 곳의 초점을 분명하게 맞추는 촬영기법을 말한다.

*롱테이크(Long-take): 영화의 쇼트 구성 방법 중 하나로, 1-2분 이상의 쇼트가 편집 없이 길게 진행되는 것을 말한다.

*앰비언트 사운드(ambient sound): 특정 신이나 로케이션 촬영 시 인위적으로 조성한 소리가 아닌 자연적으로 발생하는 소리를 일컫는 용어이다.

*돌비 애트모스(Dolby Atmos): 청중을 몰입시켜 모든 영상을 소리로 들을 수 있게 해주는 자연스럽고 실감 나는 사운드 기술이다.

랜드 오브 마인(Under sandet, Land of Mine, 2015) :: 음색의 심리

전쟁이 영화사에 미친 영향이란 이루 말할 수 없다. 특히 2차 세계대전은 영화가 너무나도 사랑하는 단일 소재이다. 종전이 된 지 이제 80여 년이 되어 가는 2차 세계대전 소재의 영화가 번번이 할리우드 흥행 목록에 올라와 있는 것을 볼 때면 과연 이 전쟁이 없었다면 영화사가 어떻게 달라졌을까 생각해본다. 영화 속 전쟁의 재현은 전쟁 그 자체를 반영하는데 대단한 노력을 기울인다. 그래서인지 전쟁 영화는 매번 스릴 넘치고 다이내믹한 구성으로 관객들의 이목을 사로잡으며 흥행을 보상받는다. 그러나 영화 랜드 오브 마인(Under sandet,Land of Mine, 2015)에서 재현된 전쟁의 모습은 이러한 영화들과는 결이 다르다. 전쟁의 주범이자 가해자의 나라인 독일의 군인들이 약자의 입장에 놓여 영화가 쓰여졌다는 점, 그리고 그 군인들의 모습이 어린 소년병들이라는 점, 총소리가 난무하고 사방에서 터지는 요란한 전쟁 사운드가 없다는 점, 그리고 영화의 공간, 이미지, 배경, 연기, 대사에 이르기까지 모든 것이 절제된 상태로 흘러간다는 점이었다.

이 영화는 2차 세계대전 직후, 덴마크 진영에 묻힌 지뢰를 해체하기 위해 투입된 독일 소년병들의 이야기이다. 지뢰는 이 소년병들의 잔혹사를 위해 사용되는 핵심 소재이며 내러티브의 순환을 이끌어가는 중요한 역할을 한다. 이 영화가 여타 다른 전쟁 영화와는 구별되게 새로운 몰입을 주는 이유는 지뢰라는 단순한 소재로 발단부터 결말까지 휴지부 없이 이끌어가는 힘도 있지만, 대부분의 전

영화 〈랜드 오브 마인〉의 배경

쟁 영화에서 강조하는 강한 남성미나 전우애가 주는 느낌이 아니기 때문이다. 그것은 보통의 전쟁 영화에서 보기 힘든 여린 생명력이 있었고, 결국 이 영화의 주인공들이 어린 소년병이라는데 기인한 것이다. 뿐만 아니라 2차 세계대전의 추축국인 독일의 등장과 어린 소년병들의 등장만으로 우리는 히틀러 유겐트(Hitler Jugend)의 서사나 독일의 악행을 고발하는 방식의 시나리오를 상상하겠지만 <랜드 오브 마인>에서는 이 두 관행을 철저히 변화시킨다. 독일이 약자가 되어 관객들의 마음을 사로잡으며 끊임없이 소년병들의 안위를 걱정하게 만들고 배고픔에 떨고 있는 아이들이 딱하기 그지없다.

영화의 공간

영화의 미장센(mise-en-scene)이란 영화의 프레임 안에 배치된 모든 미술적인 요소를 의미한다. 즉 카메라 앞에 놓여져 있는 모든 시각적인 재료이다. 미장센이 잘 짜여진 한 편의 영화는 관객으로 하여금 영화의 몰입을 주도하고 영화의 미학적 개념들을 형성하며 영화의 스타일과 색을 만들어 준다. <랜드 오브 마인>의 미장센은 극도로 절제되어 있으며 군더더기가 없다. 마치 심플한 미니멀리즘의 그림 한 편을 깔아놓은 것과 같이 정화된 모든 배경은 영화에서 반

영화 〈랜드 오브 마인〉의 바닷가 장면

복하여 전달하고자 하는 전쟁의 공허함과 상실의 미장센이다.

영화의 반 이상을 차지하는 공간적 배경은 지뢰가 매설된 창백한 모래바닥이다. 프레임 안의 모든 것은 컬러를 의미할 수 있는 것이 없고 모든 사물이 변함없이 낮은 채도를 유지한다. 컬러감을 느낄 수 있는 부분은 겨우 붉은 피와 칼 라스무센 상사의 붉은 모자 정도이다. 무채색이 전달하는 차가움. 황량함, 무미건조함, 이 모든 것이 종전 직후의 인간에게서 드러나는 인간성의 상실 또는 감정의 메마름을 느끼게 해 주는 공간의 의미 전달이다. 아이러니하게도 눈앞에 펼쳐진 바다와 광활한 모래사장의 개방된 공간에서 펼쳐지는 지뢰 해체 작업을 보며 관객들은 말할 수 없는 폐쇄성을 느끼게 된다. 폐쇄성의 유발은 지뢰 해체의 작업과 동시에 쏟아지는 칼

영화 〈랜드 오브 마인〉의 달리기

상사의 억압과 구속에서 가중된다. 이러한 상황 속에서도 신중하게 지뢰를 제거해 나가는 소년병들의 작은 손끝에 관객은 온 신경이 집중되고 그들의 손 움직임 하나하나에 삶과 죽음이 교차하는 것을 숨죽이며 지켜보는 관객들은 개방된 공간에서의 압박을 경험하는 모순된 상황을 체험한다.

영화의 중반부로 흘러가며 칼 상사와 소년병들의 갈등이 점차 완만해질 때쯤, 드디어 건조하고 메마른 모래 위가 아닌 물과 관련된 공간이 등장한다. 전쟁으로 인해 메마른 감정에 수분을 첨가한 것이다.

자유와 해방의 이미지를 표현하기 위해 소년병들은 처음으로 군인이 아닌 아이들의 모습으로 물속에서 시간을 보내고 모래 위를 내달리기 시작한다. 남은 에너지를 비축해 놓기에도 모자를 판에

예나 지금이나 아이들은 왜 저렇게 달릴까 싶은 대목이지만 그동안의 폐쇄적이고 압박스러웠던 모습과 지극히 상반된 분위기의 와이드 쇼트인 것이다.

  감독은 이러한 자유로움을 표현하기 위해 연출적 요소를 아끼지 않는다. 지뢰 제거에 투입된 이후 소년병들에게 처음으로 부여된 휴일. 심지어 자신들의 무덤이 될 수도 있었던 그 처참한 모래사장 위를 달리며 자유를 만끽하는 것이다. 자신들을 끊임없이 억압했던 그 칼 상사와 함께 말이다. 이 시퀀스는 감독이 대사와 배경뿐 아니라 영화적 모든 요소들에 온통 자유를 늘어놓은 것만 같은 부분이다. 공간으로 의미를 상징하는 것은 여기서 그치지 않는다. 이 영화에서는 결코 볼 수 없을 것이라 생각했던 나무가 우거진 숲의 공간, 1-2분 남짓 보여지는 영화의 엔딩장면이다. 칼 상사의 도움으로 국경을 넘어 독일로 넘어가게 된 소년병들의 앞에 펼쳐진 숲의 공간은 보기만 해도 숨통이 트인다. 삶을 다시 얻은 소년병들에게 숲의 이미지는 생명 그 자체인 것이다. 이처럼 <랜드 오브 마인>은 관객들에게 끊임없이 전쟁에 대한 물음을 던지며 영화 속 모든 비주얼에 영화의 주제를 미장센으로 배치해 놓았다.

청각적 미장센

또 다른 이미지는 영화에서 흘러나오는 음악에서 찾아볼 수 있다. 청각을 활용한 음악의 영역에서 미장센이라는 단어는 탐탁치 못한 표현일 수 있다. 미장센이란 어쩌면 시각적인 테크닉과 긴밀한 연관이 있기 때문이다. 그러나 우리는 음악을 표현하고 연주하는 악기에서 음색이라는 단어를 쓸 때가 있다. 음색은 단어 그대로 음의 색깔이다. 악기는 그것이 지니고 있는 악기만의 고유한 소리 빛깔이 있으며, 그것은 음악을 구성하는 리듬, 화성, 멜로디와는 별개로 음악을 형성하는 특징이 된다. 영화음악은 이 음색이라는 도구를 가장 효율적으로 사용하는 분류 중 하나라고 말할 수 있다. 음색이 주는 느낌, 가령 금속성 악기가 연주하며 뿜어내는 서늘하고

영화 〈랜드 오브 마인〉의 메인테마곡 장면

차가운 느낌이나, 나무로 만들어진 악기에 연결된 명주실을 튕겨 낼 때 들리는 부드럽고 따뜻한 음색은 그 악기가 지니고 있는 고유의 성격이라고 할 수 있다. 같은 멜로디의 음악을 연주하더라도 금관악기인 트럼펫으로 연주된 음악과 목관악기인 오보에로 연주된 음악이 청자들에게 다른 이미지를 그리게 해주는 것과 같은 이치이다. 영화에서는 이처럼 악기의 음색을 이용하여 영상의 분위기를 표현하기도 하며 인물의 성격을 형상하기도 한다.

영화 <랜드 오브 마인>의 다양한 사운드트랙은 악기의 구성이나 분위기적인 면에서 유사하다. 물론 한 편의 영화에 삽입된 오리지널사운드트랙(OST)은 영화의 전체적인 통일감을 나타내기 위해 동일 모티프를 반복적으로 편곡하여 영화적 유기성을 주는 것이 관례이다. 그러나 이 <랜드 오브 마인>의 음악은 각각의 트랙들이 마치 한곡이라는 착각을 불러일으킬 만하게 유사하다. 특히 영화에서 가장 빈번한 등장으로 관객들에게 각인된 메인테마는 칼 라스무센 상사의 인물을 묘사하는 테마음악으로 볼 수도 있다. 이 테마곡은 주로 칼 라스무센 상사의 등장과 함께하며 칼 상사가 자신의 지프차를 이용하여 광활한 도로 위를 달리는 장면에서 반복된다.

이 메인테마의 음색은 금속성이 느껴지는 발현악기의 멜로디, 그리고 여러 대의 금속 타악기와 신디사이저(synthesizer) 음색이 어우러진 음악이다. 이러한 금속성 악기의 음색은 차갑고 냉철한 칼 라스무센 상사의 심리를 그대로 묘사한다. 전쟁이라는 외부적 요인으로 인해 따뜻한 온기는 사라지고 인간성의 상실을 겪은 한 인물의 표현, 또 군인이라는 신분 속에서 얻게 된 냉철함과 차가운 내면이 자신의 나라를 짓밟아 놓은 가해자 나라의 아들들을 마주하였을 때 생겼을 분노, 그럼에도 불구하고 이 전쟁과는 어쩌면 별개일지도 모르는 어린 소년들을 바라보며 내면에서 교차하는 양가감정을 절제된 메인테마의 음악과 악기의 음색으로 절묘하게 표현한 것이다.

음악은 청각적인 요소가 다분하지만 듣는 사람들로 하여금 다양한 심상을 제시한다는 부분을 생각해보면 시각적인 측면도 무시할 수 없다. 음악을 듣는 내내 이미지를 끊임없이 머릿속에서 그리며 시각과 상상을 고루 자극하는 것이다. 이러한 청각적 미장센은 영화음악의 핵심이다. 영화에서 음악이 배치된 장면과 음악의 이미지가 놀랍도록 일치할 때 우리는 그 영화의 순간에 철저히 매료되는 것이다.

이웃집 토토로(My Neighbor TOTORO, 1988) ::
일본 애니메이션의 동심

미야자키 하야오(Hayao Miyazaki, 1941)의 이웃집 토토로(My Neighbor Totoro, 1988)가 등장하며 애니메이션이란 아이들을 위해 만들어진 단순한 오락영화로 인식되었던 과거의 이미지는 완벽히 사라졌다. 만화영화의 장르 속에서는 좀처럼 찾아보기 힘든 영화적 시나리오와 스토리텔링을 도입하여 일본의 정서와 철학을 듬뿍 담아 만들어낸 <이웃집 토토로>는 유례없는 성인 마니아층을 형성할 정도로 애니메이션의 판도를 뒤바꿔 놓았다. <이웃집 토토로>에 대한 많은 이들의 애정은 영화에 녹아져 있는 일본의 서정성이나 여전히 2D 셀 애니메이션을 고수하며 만화영화의 전통을 깨지 않는 철학이 향수를 자극함도 있겠지만, 무엇보다 영화의 캐릭터가 결정적 몫을 한다. 영화의 주인공 토토로는 미야자키 하야오의 세계관을 통해 창조된 생명체이다. 미야자키 하야오의 작품세계 속에는 일본적 감성이나 종교적 사상을 캐릭터에 녹여 표현한 방식이 비일비재하다. 특히 <이웃집 토토로>에서 등장하는 주인공 토토로는 마을을 지키고 있는 정령(精靈), 또는 수호신이라는 컨셉을 통해 귀신을 두렵거나 위협의 존재로 인식시키는 대신 귀엽고 사랑스러운 외형의 캐릭터로 관객들에게 친숙한 이미지로 접근한 것이다. 미야자키 하야오의 감성은 스펙터클한 볼거리로서 대중들을 현혹하지 않더라도 잔잔한 재미를 통해 전해지는 감동이 있으며 순수한 동심이 있다.

특히 <이웃집 토토로>의 음악을 담당한 조 히사이시(Joe Hisaishi, 1950)는 우리나라 영화음악에도 여러 번 참여할 만큼 인지도가 큰 인물이다. 그의 음악에는 독특한 매력이 있다. 대학에서 클래식 작곡을 공부하고 취미로 밴드에서 키보드 연주를 하던 조 히사이시는 사뭇 다른 세계였던 애니메이션 음악에 발을 디딘다. 그리고 이렇게 만들어진 그만의 밝고 명랑한 멜로디 라인은 오로지 색채만으로 그려진 오래된 아날로그 만화영화의 이미지와 잘 맞아 떨어진다. 이러한 부분이 미야자키 하야오의 많은 작품에서 음악으로 함께하며 흥행과 더불어 일본 애니메이션 음악을 대표하는 작곡가로 성장하게 된 계기가 아닐까 한다.

조 히사이시의 음악 서사

그의 음악은 매우 단순하지만 서정적 흐름을 연출하며 때로는 명랑하다. 그리고 이 점은 일본이라는 나라와 매우 닮아있다. 일본 고유의 목가적인 느낌과 자연친화적인 동양사상은 그의 음악과 많은 부분 동일시된다. 이러한 단순함은 그가 오래도록 연구해 온 미니멀리즘의 사조를 연상케 하지만 메인악기를 내세워 멜로디의 주선율을 연주하는 방식이나 부드럽고 서정적인 곡의 진행을 이끌어 내는 방식은 미니멀리즘만으로는 설명할 수 없는 조 히사이시만의 음악적 스타일이다.

애니메이션 <이웃집 토토로>에는 총 20개의 곡이 실려 있다. 그리고 이 20개의 음악 트랙은 곧 애니메이션의 서사이다. 아빠와 어린 두 자매인 사츠키와 메이는 아픈 엄마의 병원이 가까운 한 시골 마을로 이사를 오게 된다. 어느 날, 동생 메이는 집 앞 숲길에서 처음 보는 생명체를 만나게 되고 호기심 많은 메이는 큰 나무 밑에 살고 있는 거대한 토토로를 발견하게 되며 이렇게 두 주인공의 첫 만남이 이루어진다. 토토로는 마을을 지키는 수호나무에서 살고 있는 수호신으로 영적이고 신령한 존재이다. 그러나 애니메이션의 서사에서는 이러한 존재를 두려운 캐릭터로 표현한다거나 범접할 수 없는 위치의 캐릭터로 만들지 않는다. 오히려 귀엽고 친근한 모습을 어필하며 관객들에게 유유히 다가간다. 맑고 순수한 영혼을 지닌 아이들만이 토토로를 만나고 경험할 수 있다는 컨셉이나 올바른 행동에 대한 보상은 반드시 이루어진다는 애니메이션의 관습적 서사는 귀여운 토토로와 두 자매의 관계를 통해 전달된다.

<이웃집 토토로>가 제시한 20개의 음악은 대부분 관현악 편곡으로 이루어져 있다. 메이의 가족이 처음 시골 마을에 등장하며 시작되는 음악은 애니메이션에서 처음으로 등장하는 배경음악으로 애니메이션의 전반적인 분위기를 음악적으로 묘사한다. 자연의 소리를 닮은 오케스트라 악기들은 애니메이션의 배경인 시골 마을과 절묘하게 어우러진다. 주선율을 연주하고 있는 플루트의 고음은 언

〈이웃집 토토로〉 중 메이와 토토로의 조우

뜻 시골 마을에서 들릴 법한 새들의 울음소리를 연상시키며 배경과의 조화를 이룬다. 채색으로 이루어진 셀 애니메이션에서 느껴지는 아날로그적 감성과 자전거를 타고 시골 마을의 풍경 속을 내달리는 모습, 그리고 장면과 어우러진 밝고 경쾌한 오케스트라 음악은 완벽한 조화를 이룬다. 천진한 어린아이들의 모습을 묘사하기에 적합했던 4/4박자 리듬과 점리듬*이 포함된 관악기의 단선율 멜로디는 경쾌하고 활기찬 아이들을 표현하며 애니메이션의 도입을 주도하고 있다. 음악의 지닌 구성 요소들, 가령 음악의 박자와 리듬, 선율의 진행, 넓게는 편곡에 쓰여진 악기 편성에 이르기까지 음악을 이루는 모든 구성 요소들은 영화의 이미지와 인물의 성격을 표현하기 위해 일사분란하게 동원된다. 이것은 <이웃집 토토로>가 단순히 아이들의 재미를 위한 오락영화가 아니라 시각과 청각의 모든 측면에서 본 애니메이션의 예술적 가치를 상승시킨 작품으로 분석될 수 있는 부분이다.

<이웃집 토토로>는 할리우드 애니메이션에서 경험한 적이 없는 독특한, 그러나 우리에게 친숙한 애니메이션 음악의 요소가 있다. 그것은 바로 주제가의 활용이다. 어린 시절 텔레비전 만화영화 시리즈의 시작을 알리는 주제곡은 어린 시청자들을 텔레비전 앞으로 끌어모으며 브라운관 앞에서 대동단결을 이루었다. 또한 누구나 따라부르기 쉬운 멜로디와 교훈적 가사의 전달 방식은 주제가 활용의

긍정적인 면이었다. 애니메이션 <이웃집 토토로>를 여는 오프닝 테마와 엔딩 테마는 가사가 있는 주제곡이 배치되었고 이것은 애니메이션만의 특징적 요소라 할 수 있다.

> *"걷자 걷자 나는 건강해. 걷는 것은 정말 좋아 척척 가자*
> *외나무다리에 울퉁불퉁 자갈길 거미줄 헤치고 내리막길*
> *걷자 걷자 나는 건강해. 걷는 것은 정말 좋아 척척 가자"*

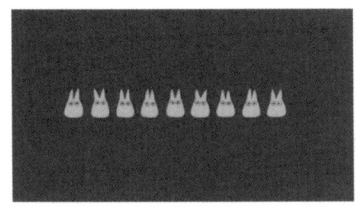 

애니메이션 <이웃집 토토로>의 오프닝 장면

오프닝 테마 '산책(さんぽ)'의 가사 속에 녹아있는 일본의 자연친화적 사상이나 철학은 <이웃집 토토로>의 서정성을 만들어내고, '산책'이라는 음악의 제목에서 풍겨지는 어린아이의 걸음걸이와 같은 이미지는 음악의 리듬감과 악기의 구성에 담겨져 표현된다. 또한 마칭밴드(marching band)*를 연상케 하는 행진곡 스타일의 이 곡은 애니메이션 특유의 생기 넘치고 발랄한 정서를 극대화하며 영화의 시작을 알린다.

애니메이션의 꽃, 미키마우징 기법

미키마우징(Mickeymousing) 기법은 디즈니의 초기작품인 증기선 윌리(Steamboate willie, 1928)에서 등장한 미키마우스 캐릭터의 율동에서 시작된다. 토키 애니메이션의 시작을 알렸던 이 작품에서 미키마우스는 음악에 맞추어 휘파람을 불고 리듬에 따라 엉덩이를 흔들며 춤을 춘다. 그리고 음악의 마지막 박자에 맞춰 악기 연주를 하듯 증기선의 닻을 돌리며 음악 속에서 움직인다. 디즈니는 이러한 캐릭터의 행동을 미키마우징 기법이라 명명했다. 배경음악과 영상 속 캐릭터의 움직임을 절묘하게 일치시켜 마치 캐릭터가 살아 있는 듯한 생동감과 몰입감을 주는 방식으로 이후 많은 애니메이션 작품에서 미키마우징 기법을 차용하고 있다. 미키마우징 기법이 적용된

애니메이션 〈이웃집 토토로〉의 미키마우징 장면

장면을 보면 캐릭터들의 움직임은 훨씬 더 익살과 잔망을 어필한다. 그로 인해 애니메이션 캐릭터에 대한 호감도가 급격하게 상승한다. 이런 것을 가능하게 만들 수 있는 것은 애니메이션의 장르와 찰리 채플린뿐이다.

<이웃집 토토로>의 오프닝 장면은 미키마우징 기법의 압축 시퀀스이다. 이 장면에서 음악의 멜로디가 상승함에 따라 토토로의 입이 점점 벌어지며 하늘로 올라가는가 하면, 음악의 리듬과 동일한 걸음으로 화면을 가로질러 가는 메이의 움직임은 마치 캐릭터들이 음악에 따라 살아 움직이는 듯한 착각을 불러일으킨다. 또한 <이웃집 토토로>에서의 미키마우징 기법은 메이와 토토로의 첫 만남에서도 등장한다. 아마도 조 히사이시는 토토로가 처음 등장하는 장면의 중요성을 정확히 인식한 것이 분명하다. 이 장면에서 다시 한 번 음악과 영상의 완벽한 일치를 통해 관객들의 몰입을 주도한다. 등장하는 모든 캐릭터, 심지어는 나비와 도토리와 같은 움직임이 있는 모든 사물을 악기화시키고 악기의 연주, 리듬, 음색 등 모든 요소들을 동원하여 캐릭터의 움직임을 따라 연주된다. 이 장면에서의 음악은 소복하게 덮힌 털의 모습으로 도토리를 들고 달려가는 두 마리의 토토로를 발견한 메이가 토토로를 따라 걸어가는 발걸음의 템포, 그리고 이를 피해 달려가는 토토로의 얕은 보폭을 크고 작은 타악기를 통해 재치 있게 그려냈다. 특히 토토로를 형상화한 마

림바의 음색은 투명하고 털이 많은 토토로의 이미지와 같이 동그스름하고 뭉클한 이미지를 연상케 한다. 미키마우징 기법이 적용된 장면은 박자 기반의 정형화된 곡의 스타일에서 벗어나 있어 정박자의 개념이 무의미하다. 따라서 음악의 구성을 규정하기 힘들고 오로지 영상의 움직임에 따라 음악을 제작하는 것이 관례적이다. 이러한 점을 생각해 본다면 조 히사이시가 이 장면을 위해 쏟아부은 노력과 애정은 너무나도 경이롭다.

덩케르크(Dunkirk, 2017) ::

음향의 음악, 그리고 음악의 음향

　무수히 쏟아져 나오는 전쟁 액션을 대할 때마다 감정이입에 서툴렀던 것은 내가 전쟁을 비켜간 세대라는 점과 군대의 경험이 없는 여성이기 때문이기도 하겠지만, 사실은 어디에 어떤 방식으로 누구에게 내 감정선을 두어야 할지가 늘 난감했기 때문이다. 대부분의 전쟁영화에서 전면으로 내세우는 전쟁 영웅들의 용기 있는 리더쉽이라던지, 뛰어난 병사의 강인한 생명력 같은 이미지는 그렇지 않은 주변 겁쟁이들을 매우 비겁스레 표현하며 영화의 주변부 또는 악역으로 밀려나게 한다는 점에서 나 자신이 바로 그 겁쟁이들의 모습을 하고 있었는지도 모르겠다. 생존 앞에서는 어쩌면 용감한 영웅보다는 살아 남기 위해 비겁할지도 혹은 나약할 수도 있는 사람. 그런 맥락에서 영화 덩케르크(Dunkirk, 2017)는 내 입장에서 온전하게 전쟁에 대한 몰입이 강렬했던 영화였다.

크리스토퍼 놀란(Christopher Nolan, 1970)이 전쟁영화를 제작했다. 시공간을 꿈으로 쪼개놓고 그도 모자라 양자역학과 상대성이론까지 들먹이며 영화를 보는 내내 공대생이 아님을 한탄하게 만들었던 크리스토퍼 놀란의 전쟁영화라니. 놀란 감독의 전쟁영화라는 한 줄에 벌써부터 영화의 전반적인 느낌이 그려진다. 어디서부터 오는 초조함인지 지레 겁부터 먹은 채로 필기구까지 준비한 상태로 영화를 보았고 그렇게 <덩케르크>를 무려 세 번이나 보고 난 뒤에야 겨우 이해했나 싶지만 여전히 긴가민가하다. 소란스러운 폭탄소리와 비명소리 하나 없이 관객들의 긴장감을 자극했던 신기한 전쟁영화

영화 <덩케르크>의 영국 병사 토미

였고 적군과 아군의 유입이 보이지 않는 독특한 전쟁영화였으며 긴 대사 하나 없이도 인간 존엄의 철학과 전쟁의 의미를 전달해주었던 가치 있는 전쟁영화였다.

관습적 전쟁서사의 해체

흥미로운 사실이 있다. 영화의 시작이 한참 지났는데도 주인공의 기준을 도대체 어디에 두어야 할지 난감하다. 이 느낌이 이렇게 낯선 것은 우리는 그동안 주동인물˚을 중심으로 선형적인 이야기를 이끌어가던 기존의 상업 영화 문법에 너무나 익숙했기 때문이다. 그에 반면 영화 <덩케르크>는 주인공의 이름도, 기억나는 대사도, 특별한 갈등이나 위기도 존재하지 않는다. 심지어 제목에서 덩케르크를 쓰지 않았다면 적군이 독일군이라는 사실도 몰랐을 것 같다. 왜냐면 영화 내내 독일어가 등장하는 장면은 단 한 컷도 없기 때문이다. 크리스토퍼 놀란은 전쟁 장르에서 즐비하게 사용되었던 공식과 같은 구조 예컨데, 아군과 적군을 이분화한다거나 아군에 대한 감동 휴머니티와 같은 기존의 전쟁서사 방식을 완전히 해체시키고 분해해서 그만의 새로운 전쟁 영화를 재탄생시킨 것이다.

영화의 첫 시작은 잔병이 되어버린 영국 병사 토미(핀 화이트헤드)

가 전쟁터를 벗어나기 위해 잔교 해변으로 이동하는 장면이다. 영화의 도입부에서 토미에게 드러나는 긴장감의 출처는 놀랍게도 적군에 의한 공격 대처 때문이 아닌 자신과 같은 처지의 전우들 때문이다. 이미 잔교 해변에는 구축함에 오르기 위해 – 어떻게든 살아남아 고향으로 돌아가려는 – 줄 서 있는 전우들이 가득하고 그들을 제치고 구축함에 오르려면 다른 수가 필요하다. 영화의 시작 후 20여 분 남짓 동안 이 영국군인 토미가 구축함에 오르기 위해, 비겁하고 처절하지만 살아서 돌아가기 위해 싸우는 또 다른 의미의 전쟁을 보여준다. 그렇지만 사실 이러한 생존 본능은 토미에게만 국한되어 보이지는 않는다. 일단 급한 대로 영국 구조선이라도 타고 보자는 심정으로 죽은 영국 군인의 군복을 바꿔 입고 영국군 행세를 하는 프랑스 인이나, 잔교 해변에서 줄 서서 기다리는 잔병이 토미가 다가오는 것을 경계하는 상황들은 극한의 상황 속에서 드러나는 인간의 생존본능을 스크린에 여실히 담았다. 한편으로는 이 영화가 사실주의 영화에 가깝게 느껴진다. 그동안의 전쟁영화 속 주인공들은 꽤나 비현실적으로 용맹하게 그려왔었다. 이런 주인공의 얼굴들은 그야말로 영화적인 포장이었을지도 모르겠다. 이처럼 <덩케르크>는 전쟁 속에서 비춰지는 개인의 철저한 생존 의식을 해석하는 데 주력하고 있다.

잔교에서의 일주일 동안 토미는 그의 생존 본능을 침해하는 여

영화 〈덩케르크〉의 한 장면

러 가지 방해 요소(?)들을 만난다. 그러나 토미를 연기한 이 신인 배우가 최고의 연기를 보여준 것은 단연 '무념무상'의 표정이었다. 토미가 살아서 고향으로 가려는 것을 온 우주의 기운이 훼방 놓는 듯 머리 위로 총알이 날아다니고 물에 빠져 몇 번이고 구조를 당할 때도, 심지어 동료가 자살을 하는 모습을 바라볼 때에도 그의 표정은 처음과 별반 다르지 않다. 슬퍼하거나 화낼 겨를조차 없이 그저 살아남아 이 전쟁터를 벗어나는 것이 최선인 한 인간의 철저한 생존 본능에 대한 절대적인 리얼리티를 표현하고 싶었던 것이다. 이 본능은 토미가 비로소 영국 땅에 발을 디디고 기차에 올라 안도를 한 후에 잠식되는 듯 하나, 놀랍게도 평화가 찾아왔다고 생각되는 그 순간 죄책감으로 귀결된다.

영화를 보다 보면 으레 관객들은 주인공을 하나 정해두고 그를 따라가며 자연스레 결말을 향해 달려가는 영화의 시나리오에 몰입하게 된다. 하지만 <덩케르크>의 관객들은 이 영화에 빠져들수록 왠지 모를 당황함이 엄습해 온다. 주인공이라고 따라가고 있던 그 사람이 과연 주인공이 맞나? 왜 낮과 밤이 뒤죽박죽이며 날씨는 또 왜 이렇게 변덕스러운가? 친절하게 앞에서 설명해 주던 'The Mole', 'The Sea', 'The Air'의 교합점은 도대체 무엇인가? 확실히 내가 무언가 놓치고 있구나,라는 확신이 들 때 영화는 끝나버린다.

헐리우드식 전개에 너무나 익숙해져 버린 우리들은 어쩌면 이 영화가 꽤나 지루할 수도 있다고 생각한다. 전형적인 시나리오 구조가 아닌 데서 오는 불편함이 있고 특히나 전쟁영화에서 기대할 법한 공습의 위기나 전투의 클라이맥스가 전혀 존재하지 않는다는 점이다. 결론부터 말하면 전쟁이라는 사건을 바라보는 시각을 기승전결의 시나리오 구조로 꾸민다는 것이 어쩌면 전쟁을 너무 주관적으로 바라보는 것임을 크리스토퍼 놀란 감독은 이미 깨달았던 것일지도 모르겠다. 매일이 위기이고 무엇이 사건의 백그라운드라는 것을 도무지 모른 채로 전투 속에서 며칠이 몇 년이 지났는지조차 모를법한 그 순간을 있는 그대로 그려내기 위해 감독은 의도적으로 특별한 영화적 스토리를 가미하지 않았던 것이다.

영화 <덩케르크>는 시간적 구성이 완벽히 해체되어 있기 때문에 서사구조를 파악하며 보는 것은 무의미한 일이 된다. 이미 영국 병사 토미의 시간과 영국인 도슨(마크 라이런스)의 시간, 그리고 공군 파리어(톰 하디)의 시간은 다르게 흘러가기 때문이다. 영화에서 쇼트의 편집으로 설명되는 것은 – 과거임을 확인해주는 특별한 장치가 없을 때에는 – 다음으로 이어지는 장면이 곧 시간의 흐름이라는 해석이며, 이것이 우리가 쉽게 접하는 시나리오 작법의 전형적 인식이다. 그러나 이 영화의 경우엔 다음 컷이 5일 전 토미의 상황일 수도, 7시간 전 민간인 도슨의 배 위 상황일 수도, 30분 전의 공중 상황일 수도 있다는 것이다. 결국 가장 짧은 시간인 하늘에서의 1시간을 기준으로 민간인 배의 시간은 과거, 잔교에서의 시간은 대과거로 생각한다면 이해가 좀 더 수월할 수도 있을 듯하다. 이러한 방식으로 <덩케르크>는 절대적인 시간의 관계성을 위배하고 시간적 관계들을 통해 이야기 하는 시나리오 구조의 법칙을 철저히 붕괴시키며 서로 다른 공간과 시간 속 이야기를 배열해 나간다.

3분화의 미묘한 재미

1. THE MOLE : one week 육지에서의 일주일

2. THE SEA : one day 바다에서의 하루

3. THE AIR : one hour 하늘에서의 한 시간

이 영화에서 불가결한 이야기 중 하나가 3분화에 관한 이야기이다. 영화 속에서의 타임라인을 세 개로 나누어 각각의 이야기가 다른 공간에서 다른 속도로 진행되고 있음은 이미 앞서 여러 차례 언급한 바 있다. 흥미로운 것은 이렇게 나누어진 세 개의 트랙은 마치 바흐의 3중 푸가(Fugue)를 연상케 하며 3분화의 묘미를 더해 준다는 데 있다. 우리에게 익숙한 음악의 기본 구조는 보통 하나의 음악적 주제를 연주하는 주성부를 두고 나머지의 성부는 주제를 연주하는 주성부를 보조하며 주제를 부각시키는 역할을 한다. 그렇지만 푸가의 경우는 재미있게도 세 개의 성부가 모두 독립적인 성부로 주제를 연주하며 각각의 성부가 다른 음의 길이와 속도감으로 유기성 있는 음악을 꾸려 나가는데 이것이 <덩케르크>의 세 파트와 유사하다.

사실 아무리 주인공 아닌 주인공들이라지만 각 파트에서의 대표 인물격인 1. 토미, 2. 도슨, 3. 파리어의 전쟁 속 심리상태를 구별해 보는 것도 또 다른 재미이다. 전쟁을 겪고 두려움에 지배당한 토미와 전쟁 속에서도 여전히 강인한 공군 파리어, 이 두 인물의 성격은 철저히 대비된다. 그 중간 심리에 속한 민간인 도슨은 토미와 파리어의 심리를 교차하지만 결국 그가 선택한 것은 용기였다. 그렇지만 영화는 누군가 비겁하게 살아남아서 비난을 하지도, 누군가는 용기 있게 상황에 맞섰기에 갈채를 보내지도 않는다. 그저 전쟁을 겪어낸 모든 사람들을 포용하고 그들의 죄책감까지도 너그럽게 덮어주는 결말을 유도하는 것이다.

"모두 수고했어,"

"살아 돌아왔을 뿐인걸요."

"그거면 충분해"

3분화의 집착이 이것으로 끝난다면 크리스토퍼 놀란 감독이 아닐 것이다. 천재 감독은 영화음악의 거장 한스 짐머(Hans Zimme, 1957)에게 음악을 의뢰하면서도 자못 못미더웠는지 음악에서도 세 개의 타임라인을 요구하였다. 바로 "무한음계-셰퍼드 톤(Shepard tone)"이라는 음향학적 기술이다. 이 셰퍼드 톤은 일종의 청각적 착시효과(착청효과)라 할 수 있는데, 세 개의 옥타브로 된 음계를 레이어시켜 동시에 반복 재생을 하면 우리의 귀는 음악의 시작과 끝을 인식하지 못한 채로 무한히 상행하는 사운드로 인식하게 된다. 이 사운드를 영화에 반복적으로 배치했다고 가정해 보자. 우리의 청각 상태는 착청에 의해 매우 피곤한 상태가 되었을 것이고 이로 인해 긴장과 불안한 심리 상태가 유발이 되며 영화에서 표현되는 긴장감이 극대화된다는 것이다.

음악의 음향, 그리고 음향의 음악

이 셰퍼드 톤의 사용처럼 영화 속에서의 음악은 대부분 음악적이지 않은 음악으로 구성되어 있다. 음악적이지 않은 음악이라는 문장에 큰 어폐가 있어 보이지만 실제로 <덩케르크> 영화에서는 음악을 구성하기 위한 리듬, 화성, 멜로디와 같은 요소들이 구체적으로 드러나지 않는 앰비언스(ambience)적 효과 음악이 많은 비중을 차지한다. 영화 <덩케르크>에서 음악을 연주하고 있는 모든 악기는 소리를 지닌 모든 음향적 요소들로 이루어진다. 음향과 실제 악기의 경계가 모호하게 작용하는 것이다. 영화에서 가장 처음 등장하는 음악인 'The Mole'은 5분이 넘는 긴 곡이지만 관객들은 음악이 시작되고 종료되는 시점을 잘 알아채지 못한다. 이 음악이 다른 효과음들에 비해 작은 출력으로 디자인되었기 때문에 구분하기가 힘든 이유일까? 그렇게 단순하지는 않다. 'The Mole'의 시작은 신디사이저의 연주에서 흔히 사용되는 패드(Pad)성 악기의 지속음으로 시작한다. 음악에서 신스 패드의 기능은 사용된 악기들을 하나로 감싸주는 듯한 효과를 주어 악기 간의 응집력을 만들어주고 자연스러운 공간감을 형성해준다. 패드의 종류는 소리의 굵기와 울림에 따라 다양하지만 패드의 소리는 공기의 밀집소리나 환경노이즈와 크게 다르지 않아 단독으로 쓰였을 경우 악기의 음색으로 인식되기보다는 앰비언트 사운드와 혼동되기도 한다. 특히 패드가 화성 내 멜로디를 오가는 연주를 마다하고 한 개의 지속음을 오랫동안 연주하는 경우에는 더욱 그러하다. 영화의 첫 장면과 함께 'The Mole'에서 흘러나오는 패드의 지속음을 들어보면 마치 넓다란 해변의 잔교 위에서 불고 있는 거대한 바람소리 같기도 하고 먼 하늘 위에서 공중전을 벌이고 있는 비행기 소리 같은 착각도 불러일으킨다. 이 패드 사운드 위에 레이어된 시계의 초침 소리는 일정한 리듬 간격을 유지하며 타악기의 리듬 연주와 같은 착각을 더한다. 그러나 시계의 초침 소리는 고국으로 돌아가는 배를 타기 위해 쫓기듯 달려가는 토미의 긴장감을 전달시키기 위한 장치이며 관객들의 청각을 자극시키는 일종의 물리적 음향으로도 사용되고 있다. 이 같은 음향의 악기화는 잔교로 도망치는 토미의 모습에서 극대화된다. 음악에서 흘러나오는 둔탁한 중저음의 타악기 소리는 토미의 뜀박질 소리와 정확한 싱크를 맞추며 흘러나온다. 그리고 이 소리는 마치 토미의 심장박동 소리를 연상케 한다. 음악의 전반적으로 유지되는 중저음의 타악기 소리는 점차 빠르게 가속되며 토미의 뜀박질과 함께 고조된 심리를 관객들에게 동일시키고 있다. 영화의 장면이 그다지 숨 가쁘거나 박진감이 넘치게 진행되지 않음에도 우리가 이 장면에 몰입하며 꾸준히 긴장감을 놓치지 않을 수 있었던 이유는 바로 이것이다. 소리의 자극이 인간의 청감에 영향을 주는 심리적음향(Psychoacoustics)*으로 이루어진 음악의 전반에 걸쳐 지속적으로 배치되었기 때문인 것이다. 영상의 이미지와 음악과 효과음의 정밀한 계산으로 이루어진 크리스토퍼 놀란 감독의 큰 그림이다.

영화음악의 발전이 오랜 시간 정체되고 일률적인 영화음악 기법에서 벗어나지 못하는 이 시기에 매번 영화음악의 정점을 확인할 수 있게 해주는 놀란 감독과 한스 짐머의 조합을 나는 매우 아낄 수밖에 없다.

---

*주동인물: 영화에서 중심 사건을 주도하거나 작가가 의도하는 주제의 방향과 부합하는 인물을 말한다.
*3중 푸가(Fugue): 3개의 주제가 각 성부 혹은 각 악기에 장기적이며 규율적인 모방 반복을 하면서 특정된 조적법칙을 지켜서 이루어진 악곡이다.
*셰퍼드 톤(Shepard tone): 일종의 착청으로, 끝없이 올라가거나 내려거나 하는 등의 환청을 만들어낸다. 셰퍼드 음을 이루는 음역을 '셰퍼드 음역'이라고 한다.
*심리적음향 (Psychoacoustics): 음을 수취하는 감각에 대한 현상적인 분석이며, 음의 자극에 따라 성립되는 인간 감각기관의 관계이다.

케빈에 대하여(We Need to Talk About Kevin, 2011) ::
영화음악의 이화작용(catabolism)

라이오넬 슈라이버(Lionel Shriver, 1957)의 장편소설 『We Need to Talk About Kevin』을 영화화한 <케빈에 대하여>가 국내 개봉을 했던 2012년 여름, 포스터에서 유난하게도 돋보이던 틸다 스윈튼(Tilda Swinton, 1960)의 깊은 눈동자. 그리고 그 안에서 느껴지는 메마른 감정이 몹시도 서늘하게 다가왔던 여름이었다. 소설을 원작으로 한 영화였지만 영화를 끝까지 차려보고 난 후에는 이것이 미국 캠퍼스에서 빈번히 일어나고 있는 사건을 모티브로 한 영화라는 것을 단번에 알 수 있었다. 단지 사건의 무기가 활과 화살로 전환되었을 뿐이었다. 영화가 실제 사건을 재현하기로 작정했을 때에는 대게 인물을 피해자와 가해자로 나누어 피해자에 따르는 위협과 사건 이후의 삶에 대해 그리는 방식을 취한다거나, 가해자의 성장 과정이나 삶을 그리며 지나온 과오를 되짚거나 관객이 가해자의 행위를 심판하게 만드는 형식이 대부분이다. 그러나 영화 <케빈에 대하여>에서 영화가 따르는 시선은 케빈(에즈라 밀러)의 엄마인 에바(틸다 스윈튼)이다. 이 잔인한 사건의 절대적인 주동자도 피해자도 아닌, 그러나 어쩌면 이 모든 사건의 본질적인 가해자일 수도 그리고 가장 큰 피해자일 수도 있는 아이러니한 상황에서 끊임없이 해답을 찾으려고 애쓰고 있는 살인자의 엄마 에바의 이야기이다.

영화는 스페인의 토마토 축제를 즐기고 있는 젊은 시절의 에바와 피폐해진 얼굴로 힘겹게 몸을 일으키고 있는 현재의 에바를 보여주며 이야기로 진입한다. 과거와 현재를 오가는 도입부의 방식은 영화 내내 지속적으로 교차되며 에바의 상황과 감정을 전달한다. 과거와 현재라는 두 개의 타임라인을 통해 현재의 에바가 순간순간 떠올리는 과거의 기억에 의존하여 재현시키는 방식이다. 에바의 기억은 지금 그녀에게 일어난 이 일들이 어디서부터 어떻게, 도대체 무엇 때문에 발생된 일들인가에 대한 해답을 찾기 위해 이루어지는 기억의 복습이기도 하나 현재의 모든 상황에서 순간순간 파편적으로 떠오르는 기억의 조각이기도 하다. 그렇게 그녀를 따라다니는 케빈과의 기억의 순간들은 그녀를 잔인하게 괴롭혀오지만 그렇게 유발되는 고통의 모든 것이 자신의 과오라고 생각해야만 하는 엄마라는 책임감은 에바를 메마른 감정으로 이끌어 간다.

   이 영화의 다양한 해석들 중 많은 부분이 소시오패스 혹은 사이코패스로 치부된 케빈의 악마적인 성향에 대한 언급이었다. 또한 이러한 반사회성을 지닌 아이의 성장과정에 영향을 미치게 만든 엄마 에바에게 이 모든 일의 책임을 물으며 그녀의 잘못된 양육방식에 대한 문제를 비난하는 이야기들을 많이 볼 수 있었다. 그러나 그것이 과연 린 램지(Lynne Ramsay, 1969) 감독이 바라는 작품의 의도였을까? 불행한 사건이 지나고 2년 뒤, 에바와 케빈은 처음으로 서로 응시한다. 물론 2년의 시간 동안 여러 번의 면회시간은 주어졌지만 그 사이 그들은 대화다운 대화를 주고받은 적이 없었다. 그런 에바가 2년째가 되던 그날 처음으로 아들에게 꺼낸 한마디는 "You don't look happy(너 행복해 보이지가 않는구나)"였다. 이 말을 들은 케빈은 아마도 처음으로 엄마에게서 자신의 위치를 발견한 것만 같다. 성장 과정 내내 의무와 책임감으로 자신을 대해주는 모성이 아닌 마음으로 전달되는 관심의 말이다. 그리고 에바는 오랫동안 자신에게서 찾으려했던 해답을 찾은 것 같다. 나와 너무도 닮은 또 하나의 나.

상반된 것들의 조화

<케빈에 대하여>에서 표현되는 영상 미학과 스토리의 구성, 그리고 사운드의 표현 전반에 걸쳐 주력했던 것은 모든 상반된 것들의 조화이다. 가장 먼저 눈에 띄는 것은 영화에 등장하는 색감이다. 영화에서 지배적으로 노출시키는 붉은색의 이미지는 에바를 상징하는 컬러로서 은유되고 이와 상반되는 푸른색의 이미지는 케빈을 상징하는 컬러로 붉은색과 대조를 이루며 내러티브를 순환시킨다. 붉은색은 에바의 열정과 자유로움 즉, 에바의 정체성을 드러내는 시각적 표현 수단으로 쓰인다. 자유로운 여행가였던 에바는 원치 않은 임신과 육아로 인해 자신의 열정을 포기해야 했고 욕망에 대한 갈등은 케빈의 양육과정에서 고스란히 표출된다. 케빈을 앞에 두고 애정 없는 공놀이를 할 때나 숫자를 학습시키는 과정에서 드러나는 에바의 억제된 욕망의 컬러는 여지없이 붉은색이다. 에바가 케빈을 보낸 2년 동안 수많은 사유와 함께 한 행위는 자신의 정체성인 붉은색을 지우는 일이다. 자신의 열정 그리고 자유에 대한 욕망으로 인해 생겨난 이 결과를 바라보며 자신의 색깔을 지우고 케빈의 컬러를 받아들이며 이해하려고 노력하는 행위인 것이다.

반면, 케빈의 컬러는 푸른색이다. 케빈이 머무르는 공간과 의상의 컬러, 그리고 조명의 모든 것은 푸른색으로 통일되며 에바의 붉

은색과 상반된다. 마치 도저히 융화될 수 없는 컬러차트의 끝자락에 있는 두 개의 컬러가 살아서 움직이는 느낌이다.

케빈은 지능이 높고 매우 영민한 아이이다. 이미 자율적 배변학습이 되어있음에도 엄마의 관심을 얻기 위해 여전히 기저귀를 사용하는 장면이나 가르친 적 없는 숫자를 줄줄 읽어내는 능력을 보면 오히려 또래에 비해 영특한 지능을 사용한다는 것을 알 수 있고, 그러한 점이 이 아이를 더욱 위협의 존재로 각성시킨다. 오랫동안 축적된 엄마를 향한 어긋난 애정 갈구의 방법은 케빈의 영리함과 결합되어 점점 더 용이주도 해진다. 여행가인 엄마가 언제든 자신을 버리고 떠나버릴 수도 있다는 사실과 자신은 결코 엄마에게 우선적 존재가 아니라는 사실은 케빈이 에바의 공간을 집요하게 무너뜨리고 공격하는 이유이다. 케빈 자신이 채우지 못했던 엄마의 사랑

영화에 나타난 '에바'의 상징적 레드 컬러

을 차지한 여동생 실비아를 해치고 엄마가 구축해 놓은 가정이라는 세상을 철저히 무너뜨리는 행위를 통해 이 세상에서 오로지 엄마와 자신만 남겨두고자 했던 목표에 도달한다. 그러나 그가 일생을 바쳐 숭고히 이뤄낸 최후는 결국 아무런 이유 없는 파탄이 되었다. 그의 말버릇처럼 이유가 없는 것이 이유였을까?

<케빈에 대하여>의 영화 속 음악은 대부분 기존에 발매된 음악이다. 만약, 이 영화에서 잠시 떠나 이 곡들을 재생시켜 본다면 아마도 대부분의 청자들은 아메리칸 드림이 펼쳐지는 밝고 경쾌한 미국의 이미지가 떠오를 것이다. 그만큼 영화의 대부분의 음악은 전형적인 미국의 올드팝을 선곡하여 매우 가볍고 경쾌한 것이 특징이다. 이 영화의 내러티브를 보조하는 음악을 기대했던 관객이라면 장면에서 음악이 노출될 때마다 오히려 상당한 당혹감을 면치 못

영화에 나타난 '케빈'의 상징적 블루 컬러

했을 것이다. 보편적으로 영화의 음악은 장면에서 표현하는 시각적 이미지를 청각으로 교환하여 들려준다. 이런 전제를 가장한 영화들의 음악은 장면과의 동화가 필수적이다. 그러나 <케빈에 대하여>에서 사용된 음악은 이와는 전혀 반대이다. 음악의 서사와는 자못 어울리지 않는 것 같은 음악이거나 장면에서 보여지는 이미지 배경과의 연관성도 뚜렷이 나타나지 않는다. 지옥 같은 사건이 벌어지고 난 뒤, 생계를 위해 어렵게 일자리를 구하고 나오는 에바와 함께 등장하는 음악은 컨트리 포크음악이다. 음악이 시대를 대변하는 것도, 그렇다고 미국 시골 마을의 분위기를 연출해야 하는 것도 아닌 이 장면에서의 음악은 몹시도 부적절한 느낌이다. 에바를 마주한 낯선 여인은 에바의 뺨을 가차 없이 내리쳐 그녀의 웃음을 소거시킨다. 그와 동시에 낯선 포크음악은 순식간에 종료된다. 그제서야 이 영화에 배치된 낯선 음악들이 주도하려 했던 것이 무엇인지 직감할 수 있게 되었다. 그것은 에바 그녀의 심리이자 그녀가 처한 현실과 그 속에 펼쳐진 자신만의 상황에 대한 대립이다. 특히 영화에서 여러 차례 등장하며 장면과의 부조화를 유도했던 음악 중 하나인 버디 홀리(Buddy Holly)의 'Everyday'는 할로윈 파티가 열리던 밤 에바가 집으로 가는 운전 장면에서 배경음악으로 배치되었다. 케빈이 만들어낸 사건 이후 매 순간 과거의 생각으로 가득 차 있는 에바에게 차창 밖의 소란스러운 할로윈 축제의 모습과는 완벽히 분리된 차 안의 공간이었고 절대적인 괴리감을 느끼게 했다. 이것은 이 작은 마을에서 에바가 스스로 느끼는 고립과도 같다. 차창 밖의 할로윈 축제는 마을의 즐거운 이벤트이지만 그녀에게는 큰 위협이다. 그리고 그 사이로 흐르는 버디 홀리의 밝고 경쾌한 메이저 음악은 이 상황에 놓여진 에바의 분리된 심리를 놀라우리만큼 강화시키고 있다. 영화에서 제시하는 장면과 동화되는 음악의 배치가 아닌, 모순적 음악을 사용함으로써 현실과의 괴리감을 강화시키고 오히려 작중인물의 심리를 강조하는 방식인 것이다. 영화 <케빈에 대하여>는 이 같은 음악적 이화작용이 영화의 전체를 지배하고 있다. 상당히 세련된 음악 연출방식이다.

영화음악의 가사, 제2의 대사

영화에서 또한 놓칠 수 없는 부분은 선곡된 음악들의 가사이다. 영화가 화려한 색채와 이미지텔링으로 시각의 경이를 채우고 있는가 하면 음악 속에 내포되어 있는 가사는 케빈과 에바가 소리낼 수 없었던 마음의 대사를 노래하고 있다. 가사의 대부분은 '사랑'이 주제이다. 아마도 이 '사랑'이라는 단어와 영화에서 언급하고자 했던 메시지가 맞닿아 있기 때문일 것이다.

로니 돈갠의 'nobodys child'의 삽입 장면

영화의 후반부, 에바는 드디어 케빈에 대한 해답을 얻은 듯하다. 케빈의 면회를 앞두고 에바는 케빈의 옷을 다림질하고 케빈의 방을 정성스레 정리한다. 이때 삽입된 로니 돈갠(Lonnie Donegan)의 'nobody's child'는 이전에 배치된 음악들과는 다른 어조로 차분하게 흐르며 정돈된 에바의 감정을 끌어안는다. 그리고 흘러나오는 가사는 마치 케빈이 전하는 한 편의 모놀로그를 듣는 것 같은 느낌이다. 아니 어쩌면, 이 음악과 나타나는 에바의 행위를 통해 드디어 아들의 마음을 이해하고 포용했다는 에바의 상황을 전달하기 위함일지도 모르겠다. 영화는 이렇게 펼쳐진 엔딩 장면을 통해 학습된 엄마의 사랑이 아닌 본능적 모성을 회복한 에바의 모습을 보여주며 결말을 맺는다.

I'm nobody's child, I'm nobody's child.
(난 버림받았어요, 난 버림받은 아이에요.)

Just like the flowers. I'm growing wild.
(야생에 핀 꽃과 같은 신세죠.)

I got no mummy's kisses. I got no daddy's smile.
(엄마의 입맞춤도, 아빠의 미소도 없었어요.)

Nobody wants me, I'm nobody's child.
(날 원하는 이, 아무도 없어요.)

컨택트(Arrival, 2016) :: 영화음악에 등장한 미니멀리즘

지구의 12개 나라에 난데없이 등장한 우주선. 각 나라들은 이들이 지구에 온 목적을 알기 위해 대화를 시도해 보지만 외계생명체들은 불친절하게도 지구의 언어체계를 학습해 오지 않았다. 인간의 언어학으로는 소통이 불가능하다는 것을 알게 되고 결국 암호화된 이들의 언어를 해석하기 위해 저명한 언어학자 '루이스(에이미 아담스)'와 과학자 '이안(제레미 레너)'이 외계생명체와의 접촉을 시도한다. 영화가 이쯤 흘렀을 때 이것은 주 캐릭터의 직업과 영화의 제목 <컨택트>라는 것을 두고 "아, 이건 분명 '소통'이라는 주제를 논하려나 보다"라는 생각을 하게 된다. 분명 언어적으로 다른 생명체들의 대화, 더 깊게는 그들이 살아온 지배적 공간에 따라 달라지는 언어의 숨은 의미, 그리고 그에 따른 오해와 불통의 원리에 대해 짚어내고 있는 부분이 있었기 때문이다. 그러나 이 영화의 원제가 <컨택트>가 아닌 <Arrival>이었다는 사실은 이 영화가 그리 단순하지만은 않을 수도 있다는 생각을 하게 만들었다. 아마 이 영화의 원작 소설인 테드 창(Ted Chiang, 1967)의 '당신 인생의 이야기 – 네 인생의 이야기'를 미리 접해 본 사람이라면 이 영화가 SF소설을 빙자하여 인문학적 이야기를 얼마나 유려하게 담고 있는지, 그리고 소설에서 표현하지 못한 비주얼적인 요소들을 얼마나 감각적으로 이행시켰는지 알 수 있을 것이다.

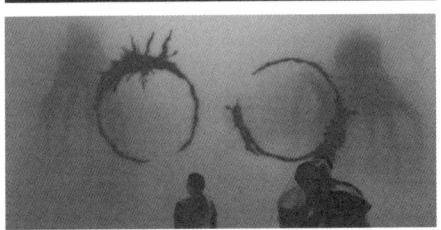

영화 <컨택트>의 햅타포트

두 주인공과 외계인의 첫 만남은 생각보다 무탈하게 지나간다. 언뜻 보면 사람의 손 모양과도 같은 이 낯선 외계생명체의 형상은 자세히 보면 7개의 다리로 몸을 지탱하고 있는데 기본적으로 앞과 뒷모습의 기준이 될법한 눈코입이 없다. 이 헵타포트(heptapod) – 그리스어에서 7을 뜻하는 hepta와 발을 뜻하는 pod를 합친 조어, 7개의 발을 가진 외계인 – 들은 생긴 모양도 문어 같은데 흡사 먹물과 같은 검은 액체를 뿜어 고리 형태의 문양으로 그들의 의사를 표현한다. 이것이 그들의 언어수단인 것이다. 언어에 있어 시작과 끝 그리고 시제가 존재하는 우리의 언어로는 어찌 보면 꽤나 단순할 법한 언어구조이나 어떠한 일에 있어 원인과 결과를 증명하는 시작과 끝 그리고 과거-현재-미래를 규정짓지 않는 그들만의 언어는 오히려 대화에 있어 불필요한 작업을 줄여주는 것 같은 굉장히 고차원적 언어로 다가온다. 문장의 시작과 끝이 없다는 전제는 그들의 세계관과 맞닿아 있다. 우리의 삶에서는 철저히 과거의 일이 현재에 영향을 미치고 현재의 선택이 미래의 결과에 작용한다. 이것은, 미래란 미리 알 수 없는 그 어떠한 것이라는 전제에서 시작이 된다. 그러기에 우리 인간은 운명을 믿는다거나 또는 앞으로 펼쳐질 미래에 대한 희망이 삶에 원동력이 되기도 하는 것인데, 과거와 현재, 미래를 동시에 인식하여 순환의 고리로 엮어가는 이들의 세계관은 이러한 인간적 세계관의 프레임을 철저히 뒤엎은 채 그들의 언어를 이해할 수 있는 수단(weapon)을 선물로 주겠다는 것이다. 결국 언어학자 '루이스'는 이것을 풀어내고야 말았다는 것과 이 헵타포트어를 배우고 난 후 미래를 볼 수 있는 능력을 선물 받았다는 것이다.

미니멀 음악의 특징

영화 <컨택트>의 음악을 맡은 요한 요한슨(Johann Gunnar Johannsson, 1969)은 전자음악적 요소를 활용한 미니멀 음악제작에 특화된 영화음악가이다. 사실 할리우드의 영화음악사에 미니멀 경향의 등장은 그리 길지가 않다. 가장 보편되고 친근한 영화음악을 논하자면 영화와 함께 펼쳐지는 대규모 오케스트라의 교향악 스타일이고 이 경향은 80-90년대 할리우드 영화음악을 주도하며 오랫동안 영화음악의 전형으로 인식되어 왔다. 이 화려하고 웅장한 음악적 스타일은 "이것이 바로 할리우드!"라는 보편적 정서를 심으며 관객들을 매혹시켜온 것이다. 이 시기에 등장했던 존 윌리엄스(John Williams, 1932)와 엔니오 모리꼬네(Ennio Morricone, 1928-2020)와 같은 영화음악의 거장들은 '할리우드적 음악 스타일'이라는 장르를 고착시키며 관객들에게 영화음악을 학습시켜 왔다. 90년대 중후반에 걸쳐 영화음악이라는 장르에도 전자음악이라는 새로운 음악적 도구가 본격적으로 진입한다. 영화음악은 이전과는 달라진 층위로 다채로운 음악적 스타일을 표현하며 분화하는데 이 시기에 각인된 대표적 영화음악가가 바로 한스 짐머(Hans Zimmer, 1957)이다. 이러한 영화음악사의 흐름은 꽤 긴 시간 동안 맥시멀리즘을 표방해 왔다고 보아도 과언이 아니다. 그도 그럴 것이 대형 스크린을 가득 채우고 극장을 한껏 메운 관객들의 주위를 집중시키기 위한 도구로서 화려하고 스펙터클한 음악은 꽤 효율적인 방식이었기 때문이다. 여전히 우리의 귀를 가득 채우며 이목을 자극시키는 영화음악의 사조 속에서 미니멀리즘 음악이 나타난 것은 큰 도전이었다.

미니멀리즘 음악은 기본적으로 음악으로 표현할 수 있는 화성의 구조나 멜로디의 기교와 같은 음악의 요소들을 최소화시키는 작업으로서 이러한 최소한의 음악적 표현이 가장 음악의 본질적인 아름다움에 다가갈 수 있다는 견해를 지닌다. 따라서 미니멀리즘의 음악은 유려하고 드라마틱한 선율의 진행이나 기승전결이 분명한 전통적 화성진행을 철저히 배제시키고, 단순한 모티브의 반복으로 이루어진 짧은 음형의 프레이즈, 오스티나토(ostinato)*를 이용한 리듬의 연속적인 반복, 같은 화성의 반복 위에서 이루어지는 선율의 변형을 이용하여 음악을 재현하는 것이 특징이다. 미니멀리즘 음악에 대한 체계적인 정립이 없었던 시절 '반복음악'이나 '패턴음악'과 같은 용어로 혼용되어 쓰였던 사실을 생각한다면 미니멀리즘 음악의 특징적 표현방식에 쉽게 접근이 가능하다.

이러한 미니멀리즘 음악의 경향을 영화음악에 접근시킨 대표적 음악감독은 필립 글래스(Philip Glass, 1937)이다. 필립 글래스의 음악은 매우 보편적이고 편안하다. 그는 조용하고 차분하게 반복과 변형을 이루는 음악 속에서 관객들은 스스로 그들만의 사색 속으로 빠질 수 있게 만들고, 음악과 감각의 끊임없는 상호작용을 통해 내면의 세계를 찾을 수 있다고 생각했다. 이것은 그가 추구하는 영화 속의 음악과 맞닿아 있으며, 이후 영화음악의 사조에서 등장하는 미니멀리즘 음악들의 표현방식에 근간이 되었다. 영화음악의 미니멀리즘은 음악의 지나친 개입으로 영화의 주제를 흐린다거나 관객을 쉽게 감상에 빠뜨리는 것을 방지한다. 따라서 관객들에게 절제된 음악으로 영화에 대한 깊은 사색의 시간을 허락하는 것, 그리고 그 속에서 얻을 수 있는 스스로의 상호작용을 통한 영화음악의 경험을 창출해내는 것이 바로 영화음악의 미니멀리즘이며, 그들이 추구하는 영화음악의 세련됨이다. 요한 요한슨은 영화 <컨택트>를 통해 자신의 주 분야였던 전자음악의 장르와 미니멀리즘의 스타일을 접목한 새로운 형식의 영화음악 스타일을 구상하였다. 특히 전자음악에서 활용되는 다양한 음향적 요소들의 사용을 위해 신디사이저와 같은 음향 합성 장치들을 이용하여 음악의 분위기를 표현하고, 미니멀리즘 음악의 특징인 반복과 변형의 기술에 음향적 요소를 융합시키는 방

영화 〈컨택트〉의 장면들

식은 몽환적이고 초월적인 몰입의 상태를 유발시키며 영화의 분위기를 압도한다. 특히 이 영화가 SF장르라는 것과 그럼에도 다른 SF영화와 같은 화려한 치장 없이 심플한 조형적 요소들을 유지하고 있는 것을 생각해 본다면 요한 요한슨의 음악은 그야말로 영화와 음악 사이의 완벽한 시청각적 표현방식이다.

우아한 SF영화의 음악

그동안의 외계생명체를 소재로 한 SF영화들은 주로 대도시에 거대한 우주선의 그림자를 드리우며 나타나 인간들에게 갖은 위협을 가하는 방식으로 서스펜스를 주는 것이 대부분이었다면 〈컨택트〉

의 우주선 등장 장면은 그 시작부터가 이미 달랐다. 광활하고 사방이 훤히 트인 매우 자연친화적인 곳을 선택해 그 속에 수줍게 서 있는 것이 이미 위협의 느낌이 조금도 없어 보인다. 화려하지 않은 우주선의 모양이나 심지어 우주선인데 그 흔한 LED라이트 하나 없다. 그저 잘 까놓은 달걀마냥 매우 심플하다. 이처럼 <컨택트>는 외계 소재를 영화화한 다른 작품들과는 그 결을 달리한다. 그 부분은 영화의 첫 시퀀스인 주인공 모녀의 몽타주 장면에서도 느낄 수 있다. 분명 주인공의 과거 플래시백인 듯한 이 장면은 우주선이 등장하고 외계인이 출몰할 영화임에 비해 그 촬영기법이나 음악이 쓸데없이 아름답다는 생각이 든다. 물론 영화를 끝까지 보고난 이후엔 이 플래시백 혹은 플래시 포워드 장면에 박수를 쳤지만 말이다.

다시 영화의 도입부로 돌아가서 딸의 성장 과정을 담은 이 몽타주 장면은 과거의 플래시백이 아닌 햅타포트를 만난 이후 얻게 된 미래의 플래쉬 포워드였던 것을 알게 된다. 동일한 장면을 영화

영화 <컨택트>의 오프닝

의 엔딩에 다시 한번 제시하며 이것은 과거가 아닌 미래라는 확신을 준다. 이는 물론 관객을 잠시 속이기 위한 센스 넘치는 트릭이었을 것이나 미래는 현재의 결과가 아닌 그저 동시다발적 시간이며, 모든 것의 시작과 끝은 연결되어 순환한다라는 영화적 주제로 볼 때 이러한 수미상관의 편집방식에서도 감독은 그 의도를 드러내려 했던 것이다. 시작과 끝의 구분이 없는 우주선의 모양과 이 우주선을 타고 온 헵타포드의 언어에 착안하여 루이스는 딸의 이름을 'HANNAH'로 지었다. 알파벳의 선형 연결을 통해 마치 시작과 끝이 모호한 순환을 연상시키는 이름을 만든 것이고 이것은 곧 루이스가 배우게 된 삶의 인식 방법이었을 것이다. 요한 요한슨은 영화의 오프닝과 엔딩, 두 지점에 동일한 음악을 배치함으로 시공을 초월하는 영화의 무한성을 음악으로 승화시킨다.

이 두 장면에서의 음악을 요한 요한슨이 얼마나 고심했을지 가늠조차 되지 않는다. 요한 요한슨의 선택은 현 시점에서 가장 활발한 활동을 이어가고 있는 미니멀리즘 음악가 막스 리히터(Max Richter, 1966)의 2004년 『On the Nature of Daylight』의 앨범에 수록된 'On the Nature of Daylight'이었다. 이 곡은 많은 영화에 등장하며 영화에 꽤나 활용도 높은 음악으로 알려져 있다. 그만큼 여백이 많고 절제된 음악이 담고 있는 미니멀리즘의 무채색은 오히려 상상 이상으로 풍부한 음악적 환상을 연상시키며 다양한 색채로 영화에 작용할 수 있다는 증명이다. 이 곡은 기본적으로 B♭m – A♭ – D♭ – G♭ 코드 진행의 무한 반복이며 앞뒤 화성의 자연스러운 연결을 위해 코드의 도치(inversion)*를 활용하여 베이스의 진행을 근접음으로 이동하는 G♭/B♭ – Fm/A♭ – D♭/F – G♭ 정도의 변화만을 허락한다. 현악으로 연주되는 이 곡은 특별한 기교 없이, 매우 느슨하게 진행되며 담담하게 흘러나오는 루이스의 내레이션을 휘감는다. 막스 리히터가 음악의 고조를 위해 노력한 것이라면 고작 온음표에서 8분음표로 분화된 멜로디가 같은 코드 내에서 조금 더 부지런한 운동성을 표현하는 정도이다. 이러한 음악의 반복적인 순환은 영화 <컨택트>의 긴 시간 이어지는 영화의 오프닝과 엔딩 장면에 배치되며 루이스의 삶을 함께 조망한다. 그리고 그것은 음악적 회문(回文)이 되어 영화의 여운을 지속시킨다.

너무나 지적인 방식으로 미학적 긴장을 놓지 못하게 만들었던 영화 <컨택트>는 우리에게 공통적 질문을 남긴다. 어느 날 나에게 미래를 볼 수 있는 능력이 생긴다면 그것은 불행일까 행복일까? 내 딸이 불치의 병에 걸려 일찍 죽게 될 것을 알고 내 남편은 그로 인해 나를 반드시 떠나게 될 것을 나는 알지만 그럼에도 나는 그 선택을 할 수 있을 것인가? 물론 루이스는 자신에게 주어진 미래를 온전히 수용하는 선택을 한다. 과연 우리는 정해져 있지 않은 미래를 살기 때문에 행복한 것일까, 아니면 그로 인해 불안한 것일까. 그렇다면 만약 미래를 미리 볼 수 있는 선물을 외계인으로부터 받는다면 이미 정해진 나의 미래를 보고 삶을 적당히 때우고 말 것인가? 아니면 오히려 앞으로 닥칠 불행에 침착하게 대응하며 순간순간을 겸허하게 받아들이며 살게 될까? 아마도 우리 모두의 답은 루이스와 같을 것이다.

*오스티나토(ostinato): 어떤 일정한 음형을 악곡 전체에 걸쳐 같은 성부에서 같은 음의 높낮이로 끊임없이 되풀이하는 것을 말한다.
*코드의 도치(inversion): 화성의 자리바꿈이다.

문라이트(Moonlight, 2016) :: 라이트모티프

모든 주변의 인물을 흑인으로 배치해 놓고 마이애미의 마약 소굴을 배경으로 삼으며 이토록 다정한 서사를 펴내는 것이 과연 가능한 일이었을까? 베리 젠킨스(Barry Jenkins, 1979)의 영화 문라이트(Moonlight, 2016)는 적어도 내가 경험한 흑인사회의 이야기 중 가장 아름답고 서정적인 영화였다. 영화는 주인공 샤이론(애쉬튼 샌더스)의 성장기라는 주제로 영화를 함축시키기에는 맞지도 않고 틀리지도 않는 무언가 애매한 구석이 따른다. 샤이론에게는 성장이라는 과정에서 능히 얻어야 할 관심과 사랑이라는 단어가 부재하고 여느 보이후드의 영화에서와 같이 역경을 통한 주인공의 긍정적 메시지 또한 존재하지 않는다. 학교나 가정에서 그리고 처음으로 자신에게

영화 〈문라이트〉의 샤이론

관심을 내주었던 후안(마허샬라 알리)과 테레사(쟈넬 모네)에게도 샤이론은 그저 주변만 겉돌 뿐이었다. 케빈(자럴 제롬, 안드레 홀랜드)을 만나기 전까지는 말이다.

영화 〈문라이트〉는 3부로 구성되며 이 구성의 주체는 케빈이 규정해 준 샤이론의 정체성이다. 1부의 리틀(알렉스 R. 히버트)은 샤이론이 학교에서 불리는 별명이지만 케빈이 샤이론을 부르는 첫 호칭이기도 하다. 리틀로서 성장하는 1부 속 샤이론의 모습은 매우 연약하고 애처롭다. 그러한 샤이론의 모습이 리틀이 되지 않도록 여러 가지 수단으로 상기시키고 샤이론의 옆을 배회하는 케빈은 아홉살 소년들의 성장이라기엔 너무나 성숙한 내면을 지니고 있다. 둘러보면 영화 속 인물들은 샤이론을 중심으로 일대일의 관계를 보여주고 샤이론의 성장에 영향을 미치는 존재들로 표현된다. 샤이론은 2부에서 청소년이 되었다. 그리고 이 두 번째 스토리는 누군가가 규정해

준 이름이 아닌 자신의 본명으로 시작된다. 샤이론을 둘러싼 환경은 모든 것이 이전보다 더욱 악화되었고 아버지처럼 의지하던 후안은 더 이상 존재하지 않는다. 혼돈과 불안으로 가득했던 샤이론은 어느 밤 후안과 함께 했던 바다를 찾는다. 그리고 거짓말처럼 등장한 케빈과 처음으로 사랑을 나누고, 샤이론은 스스로 거부할 수 없는 정체성에 직면하게 된다. 달빛 가득한 밤의 순간이었다. 3부는 성인이 된 샤이론의 이야기이며 샤이론은 블랙(트래반트 로즈)이 된다. 블랙은 자신이 사랑했지만 온전하게 사랑할 수 없었던 케빈이 불러주던 이름이며 샤이론이 스스로 선택한 삶을 담은 이름이다. 후안이 심어주었던 기억대로 말이다.

> *"언젠가는 뭐가 될지 스스로 결정해야 해.*
> *그 결정을 남에게 맡기지 마."*

샤이론은 이미 자신을 결정지었고 삶은 비교적 안정적이다. 그러나 여전히 구원되지 못한 것은 그에게 잔존해 있는 케빈의 존재이다. 그렇게 성인이 되어 다시 만난 케빈과 샤이론은 오래전 사건이 지난 이후 처음으로 마주하게 된다. 세월이 지난 모습이지만 서로를 응시하는 눈빛으로 존재를 확인할 수 있는 관계임을 보여준다. 어린 시절의 그들과 달라진 점은 없었다. 샤이론에게 허풍을 떨며 요리를 대접하는 케빈과 그 음식을 어색하게 받아먹는 샤이론의 모습은 영락없는 샤이론과 케빈이다. 완벽히 포장되어 있는 샤이론의 모습 속에서도 여전히 진짜 샤이론의 모습을 찾아 낼 수 있는 사람은 역시 케빈이다. 그리고 어린 시절의 그때처럼 케빈은 샤이론 스스로의 모습을 상기시켜 준다. 서로에게 기대어 있는 모습과 함께 영화는 과거 샤이론의 모습으로 돌아간다. 이 순간 샤이론은 마음의 안식을 누리던 바다의 공간과 달빛 아래에서 푸르른 자기의 모습을 느끼고 있는 것은 아니었을까. 조용하고 차분하게 자신의 방식대로 정체성을 찾아가는 과정을 담은 <문라이트>는 단순하게 보이후드 영화로만 단정 지을 수 없는 아름다운 한 인간의 삶이 담겨 있었다.

음악적 통일성과 응집력

영화에서의 음악이 영화의 결을 따라가야만 한다는 것은 거부할 수 없는 일이지만 특히 <문라이트> 속 음악은 영화를 그대로 음악으로 옮겨다 놓은 것만 같다. 아니 정확히 말하면, 화면 속에서 끊임없이 방황하는 주인공 샤이론의 생각과 감정에 따른 모든 것을 세심하고 성실하게 음악에 반영하고 있다. 바로 인물을 상징하는 라이트모티프(Leitmotiv)이다.

영화음악의 라이트모티프는 상황이나 주제, 그리고 인물이나 사건 등을 음악으로 묘사하여 반복적으로 사용하며 서사를 뒷받침해주는 음악의 방식을 말하며, 이런 점을 영화에서는 '테마음악'이라고 한다. <문라이트>의 경우 주인공 인물의 성격과 내적 심리를 묘사하는 인물의 테마음악을 부여하여 등장과 함께 반복적으로 동일한 음악을 배치시키고 관객들의 감정을 이끌어내는 것이다. 영화에서 라이트모티프의 사용은 매우 보편적인 것으로 바그너(Richard, Wagner, 1813-1883)*가 자신의 악극에 처음 도입하여 사용한 이후 지금까지 많은 영화음악 작곡의 표본이 되었다. 앞서 이야기한 바와 같이 배치된 대부분의 음악은 주인공의 내적 심리 상태의 표출을 대신한다. 느리지만 차분하고 고요히 진행되는 피아노의 선율 위에 낡고 조율이 엉망일 것만 같은 바이올린의 불안한 선율이 덧붙여지며 음악은 샤이론의 등장과 늘 함께하는 라이트모티프가 된다.

리틀, 샤이론 그리고 블랙의 라이트모티프

음악감독 니콜라스 브리텔(Nicholas Britell, 1980)은 3부로 분리해 놓은 샤이론의 인생을 음악으로 표현하기 위해 'Little's Theme',

'Chiron's Theme', 'Black's Theme'로 나누어 동일한 음악을 매우 영리하게 변주하였다. 그는 자신의 주력 악기인 피아노를 사용하여 짧은 구성으로 반복되는 형식의 음악을 만들었다. 어린 시절의 모습을 담았던 1부에서는 가장 온전한 형식의 테마를 들을 수 있다. 테마의 첫 등장은 후안과의 조우 장면이다. 샤이론은 우연히 자신을 구해준 후안을 따라 가게 되고 후안의 집에서 테레사와 인연을 맺는다. 이때 흘러나오는 'Little's Theme'에서 사용한 음악의 박자는 안정적인 원박의 진행을 파괴하며 불안감을 가중시키고 떨리는 바

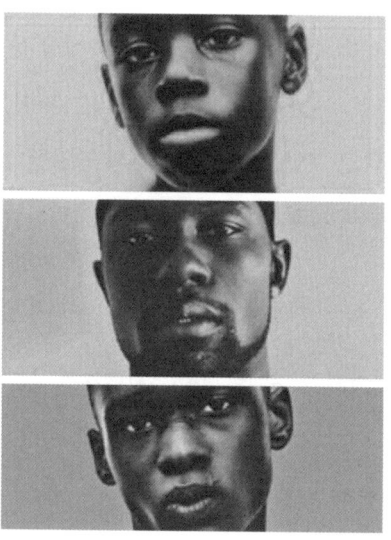

리틀, 샤이론 그리고 블랙의 라이트모티프

이올린의 음색이 주는 불안감이 결합되어 주인공의 내면의 혼돈을 더하는 역할을 한다. 이후 욕조의 침수 장면과 같이 샤이론이 마음의 안식을 찾기 위해 취한 행위에서 흘러나오는 이 테마는 주인공의 삶과 감정을 음악의 선율과 화음으로서 표출하고 동시에 샤이론의 내적심리를 표현하는 기능을 담고 있다. 2부의 'Chiron's Theme'는 1부의 테마를 리믹스한 형태이며 본질적으로는 동일한 음악이지만 원곡을 인위적으로 느리게 재생시켜 원곡의 분위기를 변주하였다.

아날로그 시대의 음악 제작 방식은 테마를 직접 편곡하여 음악의 조성이나 빠르기를 수정하여 연주, 녹음하는 방식이었다면, 디지털 시대의 음악 제작 방식에서는 원곡의 음원 자체가 디지털 데이터의 형식으로 이루어졌기 때문에 원곡의 재생속도를 인위적인 장치를 사용하여 느리게 재생시키며 음악의 조성과 빠르기를 변주하여 사용하는 것이 가능해졌다. 이렇게 인위적이면서도 과도하게 늘어뜨린 음악은 원곡의 음질에도 미세한 영향을 미치기 때문에 악기의 음색마저 모호해지게 만들고, 필터가 씌운 듯 먹먹한 음색과 기운이 풀린 듯한 나른한 음악의 느낌은 원곡과 다른 몽환적인 감정을 창출해 낸다. 니콜라스 브리텔은 음악의 후반 테크닉을 통해 성장 과정에서 더욱 심화되는 샤이론 내면의 혼돈과 불안을 음악적으로 고안해 내기 위해 노력하였고, 이와 같은 인물 테마의 변주는 가히 21세기적 라이트모티프 방식이라 해도 손색이 없을 만큼 독창적인 음악이었다. 3부의 'Black's Theme'는 원곡의 스타일을 알아차리기 힘들 만큼 후반 테크닉이 심화되어 있다. 원곡에서의 바이올린과 피아노의 연주는 본래 악기의 음색을 거의 알아차리기 힘들 정도이고 이 악기들의 가용 음역대를 벗어난 낯선 음색들은 너무나 변용된 나머지 흡사 신디사이저에서 합성시킨 전자음을 연상시킨다. 그러나 이것은 철저히 원곡을 리믹스한 테마이며 3부에서 표현하고자 하는 샤이론의 삶을 그린 음악이기도 하다. 본래의 모습을 떠올리기 힘든 상태의 음악은 마치 현재 블랙으로서 삶을 영위하고 있는 샤이론의 모습을 투영한 것이 아닐까? 샤이론은 자신이 지닌 본래의 자아를 벗어나 스스로 만들어낸 강인한 육체의 껍데기 속에서 철저히 자신을 감추며 살아간다. 이렇게 빚어진 외형 속에서 여전히 해결 받지 못한 정체성은 샤이론의 삶을 무미건조하게 만들었지만 케빈을 만나며 등장하는 테마는 영화 전체를 통틀어 처음으로 등장한 완전한 악기의 구성으로 편곡된 음악이었다. 그동안 고작해야 피아노와 바이올린의 구성으로 스코어를 간신히 이끌어가던 테마가 케빈이 등장한 종반부에서 현악 4중주의 완벽한 성부를 통해 재구성된 것이다. 그동안 반복적으로 우리에게 노출되었던 테마는 늘 불안하고 무언가 공허한 느낌이 가득한 음악이었다면, 이 엔딩 장면에서는 충분하게 채워진 성부의 진행과 그 위에서 연주하는 바이올린의 주선율의 움직임이 아름다운 서정을 느끼게 한다.

오지랖인지 이 영화가 영화의 뛰어난 영상미에 묻혀 스코어에 대한 인식이 줄어들까 매우 염려가 되기도 하였다. 그만큼 영화는 곳곳에 미적인 아름다움과 상징성이 가득한 장면을 나열해 놓았을 만큼 모든 장면이 미학적이다. 특히 후안이 어린 샤이론을 바다에 데려가 수영을 가르치는 장면은 많은 관객들에게 회자된다. 후안은 샤이론에게 거친 파도를 가로질러 수영하는 법을 알려준다. 가난한 흑인으로서, 성소수자로서, 그리고 마약중독자의 아들로서 혹독하게 겪어야 할 샤이론의 삶을 가로지를 수 있는 유일한 방법이다. 너무나도 작고 왜소한 체구로 파도를 헤치는 샤이론을 향하는 카메라는 바다의 움직임을 고스란히 담으며 샤이론의 성장을 묵묵히 지켜본다. 바다는 샤이론을 해방시키고 생장시키는 유일한 공간이 된 것이다. 이 장면 속 음악의 특징은 바이올린의 화려한 독주이다. 이 영화에서 바이올린을 메인악기로 선택한 이유가 아마도 수많은 장면과 이 장면의 극한 대조 때문이 아니었을까? 바이올린만의 날카로움과 부드러움의 극명한 대립이 출렁이는 바닷물 속에서 핸드헬드 쇼트(Handheld shot)*로 쫓아다니는 카메라의 시선과 함께 영화의 장면에 서서히 몰입시킨다. 이처럼 이 장면의 음악은 줄곧 조용하고 혼돈과 불안을 유도했던 음악과는 달리 옥타브를 넘나드는 화려한 아르페지오 패시지를 통해 점차 가속되는 속도감을 연출하며 단단하게 힘이 차오르는 듯한 느낌을 전해준다. 이전에는 경험해 보지 못한 격렬한 바이올린의 테크닉이다.

현존하는 수많은 영화음악의 사운드트랙 중에서 음악 자체로서 감상하기에 충분히 매료되는 음악들이 있다. 음악 자체만으로도 꽤나 아름답고 완벽한 음악들이다. 그러나 나는 음악을 단독으로 청취했을 때보다 영화의 장면과 함께 할 때 발휘되는 시너지를 사랑한다. 영화음악만이 가능한 방식 말이다. 그 관점에서 영화 <문라이트>는 내가 수백 번이고 돌려볼 수 밖에 없는 영화일 것이다.

---

*바그너(Richard, Wagner, 1813-1883): 독일의 작곡가이자 지휘자. 문학과 음악, 춤, 무대 장치 등이 하나가 된 종합 예술 '악극'을 최초로 만들었다.

*핸드헬드 쇼트(Handheld shot): 카메라를 삼각대 등에 고정시키지 않고 촬영한 화면. 사실적이면서도 자유분방한 화면을 창조하여 과거 도식적이던 부분들에 대한 혁신인 기폭제가 되었다.

콜 미 바이 유어 네임(Call Me by Your Name, 2017) ::
한여름의 피아노

　영화에 온도가 있다면 이 영화의 온도는 과연 어디까지 상승할까? 뜨겁게 빛나는 이탈리아의 여름 속에서 그보다 더 뜨겁게 시작되는 앨리오(티모시 샬라메)의 첫사랑의 이야기는 아버지의 제자인 올리버(아미 해머)가 이탈리아의 별장으로 왔던 그 6주간의 여름 이야기이다. 이미 퀴어 영화에 대한 인식은 브로크백 마운틴(Brokeback Mountain, 2005)의 개봉으로 이슈가 되었던 그때와는 크게 달라졌고 이러한 영화 속에서 클리셰로 작용했던 주인공에 대한 사회적 비난과 책망과 같은 불안 요소들은 해소된 지 오래이다. 그래서인지 영화 <콜 미 바이 유어 네임>의 사랑은 죄책감이나 맺어질 수 없는 연인의 환경에서 벗어나 관객으로서 비로소 온전한 사랑의 형태에만 몰두하며 영화에 진입할 수 있었던 개척의 영화인 것이다.

영화의 원작인 소설 <그해, 여름 손님>은 엘리오의 1인칭 시점으로 이야기를 그리는 반면, 영화는 지극히 관찰적이다. 그래서인지 엘리오와 올리버의 상황에서 생성되는 절제된 감정들 속에서 간간이 차오르는 사랑의 신호들은 소설에서는 느끼지 못할 설렘과 긴장으로 가득 메워져 있다. 특히 영화에서만 표현이 가능했던 시각적 이미지들은 이탈리아의 청명하고 깨끗한 여름과 싱그러운 두 청년의 모습을 결합시켜 모든 감각적인 아름다움을 한껏 드러냈다.

고고학자인 엘리오의 아버지(마이클 스털버그)는 올리버와 함께 고대 유적을 연구하는 것으로 그려진다. 영화의 오프닝 장면을 비롯한 여러 장면에서 등장하는 다양한 동상(bronze statue)의 출현은 이 영화의 이야기가가 고대 그리스 사회의 주요한 문화현상이었던 동성애를 직간접적으로 떠올리게 만든다. 그 당시 오랜 기간 성행했던 남존여비와 극단적 남성우월주의 사상은 이성과의 사랑보다 남성과의 사랑을 가장 이상적인 사랑의 형태로 보았고, 특히 성인 남성(에라스테스)과 소년(에로메노스) 간의 사랑은 서로의 정신적인 지지를 바탕으로 한 고차원적인 파트너십으로 생각하였는데 영화는 이 사상을 적극적으로 차용한 것이다. 이러한 영화 속의 장치들은 루카 구아다니노(Luca Guadagnino, 1971)의 연출과 제임스 아이보리(James Ivory)의 각색을 통해 더욱 이상적이고 품위 있는 섹슈얼로 탈바꿈하

영화 〈콜 미 바이 유어 네임〉의 오프닝 장면

게 되었다.

영화는 엘리오를 전적으로 팔로우한다. 사랑에 직면한 열일곱 소년의 감정을 여과 없이 드러내는 방식을 취하며 사랑의 시작부터 끝까지 함께하는 방식이다. 올리버에 대한 엘리오의 태도를 엿보며 미소가 지어지는 것은 아마도 우리의 기억 속 어딘가에 잠식되어 있던 첫사랑의 감정을 두드리기 때문일 것이다. 엘리오는 사랑에 앞서 많은 생각을 필요로 하지 않는다. 절대적인 그 사랑 외에는 누구도, 무엇도, 어떠한 것도 중요치 않았던, 사랑 앞에서 가장 솔직했던 첫사랑의 감정을 바라보며 우리 모두 응원을 바라는 같은 마음은 아닐지. 그렇기 때문에 이 영화의 여운이 이리도 길게 남는 것이 아닐까 싶다.

선곡의 기술

 앨리오는 극중에서 음악을 공부하는 학생으로 묘사된다. 음악을 듣고 쓰는데 많은 시간 할애를 하는 장면이나 다양한 음악가들의 스타일을 차용하여 자신만의 피아노로 재해석하며 올리버의 환심(?)을 자극하는 장면들은 음악에 꽤나 조예가 있는 감성 깊은 소년임을 보여준다. 이 영화와 피아노의 음색이 잘 어울리는 이유도 이 때문이다. 한여름 이탈리아라는 공간과 그 속에서 앨리오와 올리버가 경험하는 더위는 피로와 끈적함을 유발시키는 짓궂은 더위가 아니다. 내리쬐는 햇볕 아래에서 선선히 피어나는 생명력과 햇빛에 노출되어 반짝이는 초록색 풀들과 맑은 물의 이미지는 오히려 더위가 아닌 청량감을 유발시킨다. 이러한 이미지 속에서 연주되는 피아노의 음색들은 영화의 많은 부분 깨끗하고 가벼운 느낌을 전달하기 위해 애쓰며 영화의 분위기와 주인공들의 감정을 표현하기 위해 흘러간다.

 영화 <콜 미 바이 유어 네임>의 음악들은 대부분 선곡된 음악들로 구성되어 있다. 영화음악에서 선곡의 음악이란, 영화와는 무관하게 작곡된 음악, 다시 말해 리스닝의 용도로 만들어진 음악을 이용허락의 조건 하에 영화에 사용하는 것을 말한다. 대중들에게 흔히 영화음악이라 알려진 음악들은 영화의 제작을 시작으로 영화의 장면을 위해 만들어지는 음악인 오리지널 스코어를 의미하지만 영화적 의도에 따라 기존에 발매된 음악에서 빌려 사용하는 경우가 있는데 이러한 경우를 선곡 음악으로 분류하는 것이다. 영화 <콜 미 바이 유어 네임>은 기존 음악을 절묘하게 선곡하여 영화에 삽입한 훌륭한 사례이다. 영화를 전적으로 지배하는 피아노 위주의 곡들을 선곡하여 영화의 전체적인 분위기를 조성하였는데, 이것은 얼핏 들어보면 영화를 위해 작곡된 스코어가 아닐까?라는 생각이 들 만큼 영화적 분위기와 음악 트랙 사이의 유기성이 돋보이는 훌륭한 선곡 작업이었다.

오프닝 시퀀스에 배치되었던 존 아담스(John Adams, 1947)의 'Hallelujah Junction:1st Movement'와 류이치 사카모토(Sakamoto Ryuichi, 1952)의 'M.A.Y in the Backyard'는 음악적 색깔과 연주의 분위기가 매우 흡사하다. 먼저 존 아담스의 곡은 두 대의 피아노가 패턴을 주고받으며 음악을 만들어 간다. 보통 두 대의 피아노를 위한 곡들을 생각해 본다면 낮은 음역대와 높은 음역대의 영역을 나누어 두 영역에 반주와 주선율을 할당하여 연주하도록 편곡하는 것이 일반적이다. 그러나 이 곡은 꽤나 독특하게 반주와 주선율이 같은 음역대에서 분리 없이 뒤엉키듯 연주되는 것이 특징이다. 그러다보니 이 곡은 두 명의 연주자의 역할이 명확히 구분되지 않고 얼핏 하나의 피아노로 연주된 복잡한 곡으로 느껴지기도 한다. 또한 매우 리

드미컬한 곡으로 멜로디나 화성을 통해 그리는 음악이 아닌 리듬에 집중하여 음악을 표현하는 것이며, 이것이 미니멀 작곡가인 존 아담스의 음악 스타일이다. 이 곡의 도입부는 못갖춘마디로 시작하며 동일한 리듬의 반복으로 구성되어 있다. 못갖춘마디에서 시작하는 음은 약박으로 이후 이어지는 마디의 정박으로 시작되는 온전한 박자에 강박의 강세가 들어가기 때문에 이러한 형태를 지속적으로 유지하다 보면 자연스레 음가의 길이에 따른 반복되는 리듬이 생성된다. 리듬에서 생성되는 강박과 약박의 조화를 통해 피아노는 건반악기가 아닌 리듬악기의 역할을 하며 독특한 음악적 스타일을 구축해 나간다. 존 아담스는 이 곡이 조용하고 차분하게 연주되길 원하지 않았다. 음악의 시작부터 *Forte*(세게)로 연주의 강도를 지정하고 곡의 첫머리에 *brilliant*(선명하게), *energetic*(활동적인), *resonant*(우렁차게)를 표기하여 이 곡이 밝고 무언가 힘이 차오르는 느낌의 음악으로 연주되기를 원했던 것이다. 이와 같은 음악의 느낌은 영화의 이미지와 상생한다. 영화 속 두 인물들의 역동적인 에너지와 밝고 선명한 이탈리아 여름의 이미지는 존 아담스의 음악을 오프닝 테마로 열어 쓰기에 적합했다.

다음 류이치 사카모토의 곡 또한 앞서 설명한 존 아담스의 곡과 음악적 컬러가 매우 흡사하게 느껴진다. 아마도 짧은 음가로 이루어진 경쾌한 피아노의 연주와 리듬이 강조된 음악의 분위기 때문일 것이다. 류이치 사카모토의 1996년 앨범에 수록된 이 곡은 20년이 지난 지금, 그것도 동양이 아닌 서양을 배경으로 한 영화에 선곡이 되었음에도 낯선 괴리감이란 찾아볼 수 없을 정도로 완벽하게 영화에 스며들었다. 그의 미래지향적인 음악 사고 방식과 음악감독의 과감한 영화음악 선곡의 기술은 영화를 위해 창작되어진 그 어떤 스코어 음악보다 완벽한 일체감을 선사하였다. 사실 'M.A.Y in the Backyard'은 류이치 사카모토의 도쿄 집 정원에 드나들던 도둑고양이를 묘사한 음악으로 알려져 있다. 스타카토를 이용한 가볍고 짧은 피아노 연주 테크닉으로 고양이의 발랄하고 유려한 움직임을 표현한 현대적 표제음악(programme music)*이다. 이 음악이 선택된 영화 속의 장면은 올리버에 대한 엘리오의 감정이 시작될 무렵부터 엘리오가 그를 관찰하며 주변을 맴도는 장면에서 선택되었다. 엘리오는 올리버를 바라보며 그에 대한 감정이 자신의 공간에 침입한 낯선 인물에 대한 호기심인지, 자신보다 성숙한 남성에 대한 동경인지 확신하지 못한다. 그러나 자꾸만 올리버에게 쏠리는 관심은 도저히 제어 불가능한 상태가 되어가고 자신에게 지속적으로 무관심한 올리버의 관심을 얻기 위해 촉각을 곤두세우고 끊임없이 주변을 어슬렁거린다. 마치 류이치 사카모토의 도둑고양이 같은 모습으로 말이다. 이 음악을 류이치 사카모토의 음악 자체로서 들었던 순간과 <콜 미 바이 유어 네임>의 장면에서 흘러나오는 순간을 비교해 본다면

영화 속 피아노 연주 장면

영화의 음악은 영상의 스토리, 색채, 이미지, 대사, 배경에 이르기까지 짐작보다 더 많은 것을 내포하며 음악만으로 표현되었던 상상 외에 또 다른 심상을 그리도록 만들어 준다. 이것이 바로 영화음악의 확실한 선곡의 기술일 것이다.

엔딩과 사운드의 미학

영화의 결말로 따라가 보면 이 영화는 분명 새드엔딩이다. 엘리오와 올리버의 사랑은 결국 이룰 수 없는 한여름의 꿈으로 남았고 두 주인공은 서로의 길을 걷게 된다라는 것은 분명 일반적인 로맨스 영화의 슬픈 결말의 양식이다. 그러나 관객으로 하여금 이 결말이 아름답게 느껴질 수밖에 없는 이유는 바로 '첫사랑'이라는 요소 때문일 것이다. 소년기에 처음 접한 첫사랑의 감정에서 비롯된 설렘의 풋풋한 감정은 이후에 반복되는 사랑들과는 다른 그 무엇이 있다는 것을 대부분의 관객들은 이미 경험으로서 알고 있다. 엘리오가 올리버의 외면을 감당하지 못해서 살 수도 죽을 수도 없을 것만 같은 순간의 장면이나 올리버의 사소한 모든 것에 격렬히 반응하는 감각의 세포들, 그리고 영화의 제목처럼 올리버의 이름으로 자신이 불리고 싶을 만큼 상대와 내가 동일시되는 사랑은 어쩌면 첫사랑에서만 또는 첫사랑이기에 가능한 것이다.

연구를 마치기 위해 올리버가 엘리오의 별장에서 베르가모로 떠나는 날, 엘리오는 올리버와 동행한다. 그리고 그들만의 공간에서 허락된 며칠의 시간 동안 서로의 사랑을 재확인한다. 거대한 대자연 속에서 자유롭게 뛰어다니는 엘리오와 올리버의 모습은 흡사 이안 감독의 영화 <브로크백 마운틴>에서 '애니스'와 '잭'을 연상시키기도 한다. 그러나 <콜 미 바이 유어 네임>의 공간은 <브로크백 마운틴>에서 애니스(히스레저)와 잭(제이크 질렌할)이 자발적으로 세상과 단절시킨 그들만의 유토피아가 아닌 선명하게 다가오는 아름다운 사랑의 공간이다. 또한 우리가 이들의 사랑에 순수한 몰입이 가능했던 큰 이유는 엘리오 부모의 캐릭터 설정이다. 너그럽고 따뜻한

영화 〈콜 미 바이 유어 네임〉의 엔딩 장면

품성을 지닌 아버지의 모습이나 자식의 성장 앞에서 선진적이고 자유로운 태도를 취하는 엄마의 모습은 영화를 한층 아름답고 평온하게 만들었다. 오랫 동안 게이 영화의 클리셰로 작용해 왔던 사회적 편견에 따른 캐릭터들의 죄의식들은 불필요한 요소로 간주해 철저히 제거하여 이 영화가 추구하는 사랑의 본질에 쉽게 다가갈 수게 하였다.

뜨거웠던 사랑의 계절 여름은 올리버가 떠난 동안 겨울이 되었다. 그 겨울, 엘리오는 올리버의 전화를 받고 지난 여름의 그 순간처럼 올리버를 불러본다. 하지만 올리버는 여자친구와의 약혼 소식을 알린다. 이 엔딩 장면은 모닥불의 장작 타오르는 사운드로 모든 주변음을 덮는다. 엘리오는 전화를 끊고 벽난로 앞에 앉아 뜨겁게 타오르는 모닥불을 하염없이 바라본다. 이 순간 유일한 사운드는 벽난로 속의 장작 타오르는 소리뿐이다. 한여름 뜨거운 사랑의 경험이 추억이 되어버린 엘리오는 차가운 겨울이라는 계절 속에서 그때 그 순간 격렬히 타올랐던 더위의 사랑을 되뇌듯 벽난로 속 불을 지켜본다. "엘리오…!"의 이름을 부르는 엄마의 음성은 마치 자신이 그토록 사랑했던 올리버가 오롯이 자신이 되어 자신이 올리버로 불렸던 그 환상의 순간에서 드디어 현실로 복귀하는 순간이 된다.

영화의 엔딩 장면과 엔딩 타이틀 자막으로 넘어가는 블랙아웃이 익숙한 영화들을 생각해 보면 이 영화의 엔딩은 신선하다. 타오르는 모닥불을 바라보는 엘리오를 비추며 영화는 막을 내린다. 격렬하게 타오르는 모닥불 앞에서 엘리오는 한참을 그대로 앉아있다. 그리고 서서히 잦아드는 모닥불의 소리는 마치 엘리오가 바라보는 한여름 사랑의 모습처럼 비춰진다. 오래도록 영화의 여운을 남긴 이 연출은 영화의 사운드와 함께 큰 잔상으로 기억된다.

---

*표제음악(programme music): 곡의 내용을 설명 또는 암시하는 표제로써 구체적 또는 추상적인 대상을 묘사하는 음악이다.

그린 북(Green Book, 2018) :: 클래식과 재즈의 대립적 구조화

영화의 음악은 주인공의 심리를 표현하거나, 특정 시대의 배경, 계급, 문화를 상징하도록 암묵적인 약속이 되어있는 듯하다. 별다른 설명 없이도 관객이 자신도 모르는 사이 흘러나오는 음악의 정보만으로 다양한 영화적 상징을 얻게 되는 일은 영화음악 작곡가와 음악감독이 가장 희열을 느끼는 부분일 것이다. 그래서 음악감독들은 영화음악을 제작하기 위해 음악 창작에 몰두하는 시간보다 영화를 이해하고 면밀히 분석하는 시간에 더욱 심혈을 기울인다는 말은 과언이 아니다.

영화의 스토리 구성에서 영화를 흥미 있게 끌어가기 위한 방식 중 하나인 '대립'에 의한 '갈등'의 구조는 영화가 가장 즐겨 찾는 서

영화 〈그린 북〉의 두 캐릭터

사의 방식이다. 특히 선함과 악함의 대립이나 신분 간의 갈등, 빈부의 격차, 인종 차별 등과 같은 소재는 고전적 패러다임에서부터 최근의 영화에까지 단골 소재로 등장하며 여전히 관심을 이끈다.

영화 <그린 북>(Green book, 2018)은 보면 볼수록 익숙한 구석이 많다. 그 중 하나는 흑인과 백인의 캐릭터를 전면에 내세워 그 속에서 드러나는 인종 차별을 다루는 영화이다. 그런 점에서 보면 이 영화는 <마테호른>(Matterhorn, 2013)이나 <언터처블: 1%의 우정>(Untouchable, 2011)과 같은 버디무비(Buddy Film)*를 연상시키기도 한다. 또 하나 실존하는 흑인 재즈 뮤지션의 삶을 다루었다는 점에서는 재즈피아니스트 레이 찰스(Ray Charles Robinson, 1930-2004)의 일대기를 다룬 영화 <레이>(Ray, 2005)도 스쳐 지나간다. 조금 더 나가면 로드무비(Road Movie)의 형식 때문인지 영화 <리플레이>(American Folk, 2017)를 떠올리기까지 했는데, 이렇게 무수한 영화를 패러디한 수준으로까지 영화를 엮어 갔음에도 이 영화가 곳곳에서 따뜻한 감동을 주는 것은 주옥같은 대사와 배우들의 연기도 한몫이지만, 내 기준에서는 단연코 영화의 큰 핵심이 된 음악의 역할이다.

영화 속 클래식의 품위

영화 <그린 북>은 재즈피아니스트 돈 셜리(Donald Walbridge Shirley, 1927-2013)의 실화를 다룬 이야기이다. 실제로 많은 부분 돈 셜리의 음악 활동에서 벌어진 에피소드를 영화로 담아냈고, 특히 영화 속 돈 셜리 박사와 함께 하는 고용인 토니는 이 영화를 각색한 작가 닉 발레롱가(Nick Vallelonga, 1959)의 친아버지로 잘 알려져 있다. 그러므로 이 영화는 닉 발레롱가가 자신의 아버지와 그의 음악가 친구와의 우정과 에피소드를 영화화한 작품이라 할 수 있다.

피아니스트 돈 셜리는 음악적 재능을 타고난 음악가였다. 두 살 때부터 피아노 앞에 앉기 시작했다는 돈 셜리는 말 그대로 흔치 않은 음악 천재였다. 일찌감치 자신의 재능을 발견하고 클래식 음악을 공부했지만 인종 차별이 심하던 1960년대 당시 흑인 연주자가 무대에 올라가 클래식 음악을 연주한다는 것은 거의 실현 불가능한 이야기였다. 실제 여러 번 자신의 연주 무대와 앨범 발매가 흑인이라는 이유로 좌절되는 경험을 하고 나서야 그는 클래식이 아닌 재즈연주자의 길을 선택하게 된다. 이러한 사실적 스토리를 영화에서는 다양한 플롯으로 아름답게 엮어간다.

이제 실제 영화 속으로 들어가 보자. 영화 속 돈 셜리 박사는 흑인이지만 그를 이루는 모든 행동이나 말투, 심지어 생활 패턴까지도 백인 상류층의 모습을 취한다. 그것이 백인에 대한 그의 동경인지 아니면 자신의 타고난 정체성을 거부하고 자신이 원하는 무리에 속하길 원하는 의지에서 비롯된 태도인지는 명확치 않다. 실제로 돈 셜리 박사는 스스로 막대한 부를 축적하였고 호화로운 생활을 누리지만, 그의 모습은 지나치게 과장되어 보이고 마치 어울리지 않는 옷을 입은 듯 불편함을 준다. 그렇다고 돈 셜리 박사가 그의 음악적 재능 하나로 불우한 환경을 딛고 자수성가한 것은 아니다. 백인 못지않은 부유한 가정에서 좋은 음악적 교육 과정을 거치며 소위 음악가의 엘리트 코스를 밟아 온 인물이었다. 잘 차려진 옷을 입고 백인 상류층의 박수를 받으며 품위 있는 클래식 음악을 연주하는 일은 그에게 큰 자부심이지만 그렇다고 박수를 치며 친절을 베푸는 그들과 동급이 된다는 뜻은 아니다. 영화 속에서 상징하는 클래식 음악은 돈 셜리 박사 자신이 갈구하는 정체성을 대신하는 지적인 생산물이며 인위적으로 만들어진 품위와 기품인 것이다.

많은 영화들에서 음악의 장르적 성격으로 영화의 캐릭터를 구축하는 방식은 으레 있는 일이다. 가령, 흑인 캐릭터의 비율이 높은 영화라면, 더군다나 그 배경이 뉴욕 할렘가라면 주저 없이 '힙합(hip-hop)'이라는 음악 장르를 떠올리는 것처럼 영화에서 사용되는 음악의 장르는 반드시 영화의 캐릭터와 배경과의 상관 관계를 이룬다. 또한 음악 장르의 상징성과 관련해서도 영화는 고정된 시각을 유지할 때가 종종 있다. 예를 들면, 클래식 음악은 상류층 고급문화와 백인 지식층을 표현하는 수단으로 화려하고 고풍스러운 장면과 함께 그려지며 그에 반면 서민이나 낮은 계급층을 표현하는 음악으로 민속음악이나 전통음악을 사용하는 것은 영화에서 흔히 활용하는 보편적 정서의 표현방식이다. 신분과 계층을 뛰어넘는 위대한 사랑을 그린 영화 타이타닉(TITANIC, 1997)에서 쓰인 내재음악(diegesis music)*들은 이러한 음악 장르의 상징을 효과적으로 사용한 대표적인 장면 중 하나이다. 영화 속에서 그려지는 1등급 객실은 억압과 구속, 고리타분하고 가식적인 분위기로 가득하다. 그 속에서 흘러나오는 클래식 음악은 상류층의 허례허식과 위선을 한층 가중시킨다. 이러한 분위기 속에서 자유를 찾아 3등급 객실로 내려온 두 남녀 주인공 잭(리어나도 디캐프리오)과 로즈(케이트 윈슬렛)는 어떠한 규율

영화 〈타이타닉〉에서 표현된 음악의 상징

이나 속박 없이 자유롭게 사람들과 어울리며 춤을 춘다. 이때 흘러나오는 음악은 클래식 음악처럼 형식과 규칙에 얽매인 음악이 아닌 그들만의 자유와 해방의 음악이다.

시대와 인종을 담은 재즈

영화는 돈 셜리 박사의 연주 여정을 따라 움직인다. 운전기사 겸 비서로 고용된 토니는 그와 함께 이동하는 동안 화려하게 치장된 그의 삶 속에 감춰진 공허함을 발견한다. 토니는 매우 직설적인 괴짜로 묘사되는 인물이며 그와는 반대로 돈 셜리 박사는 자신의 감정 표현에 매우 서툴고 자신의 내면을 살피기보다 외면을 위해 살아가는 인물로 묘사된다. 이 둘의 캐릭터는 인종뿐 아니라 성격에서도 정반대의 성향을 지닌 것이다. 이렇게 상반된 캐릭터의 여정이 결코 순탄하지만은 않다는 공식은 영화의 전형이다. 두 인물이 긴 여정 동안 티격태격 하는 사이 서로의 삶 속에 점점 더 개입하게 되고, 이는 다양한 사건들로 펼쳐지며 그들의 사이를 돈독하게 만들어 간다. 이 익숙한 스토리 전개 속에서도 다른 버디무비와 그 결을 달리 두는 측면은 두 인물간의 교류 속에서 발견하는 돈 설리 박사의 정체성과 행복의 본질을 음악으로 표현했다는 부분이다.

블루 몽크 악보

자신의 이름을 내 건 밴드의 공연을 위해 이동하는 유명 아티스트이지만 실상 '그린 북(Green Book)'을 지표로 삼아야만 안전한 이동이 가능하다는 처량함, 그리고 환호와 칭송을 받으며 연주 무대를 완성한 후에는 창고에서 홀로 식사를 해결한다거나 유색인종을 위한 화장실을 이용해야만 하는 현실의 괴리감들, 그리고 남성의 모습으로 남성을 사랑하는 동성애 성향은 그가 세상을 온전하게 마주하지 못하게 하는 제약이 되었다. 결국, 그는 인종, 계급, 성별에 이르기까지 그 어느 곳에도 완벽히 소속되지 못한 채 방황하는 반쪽짜리 인생이 되었다. 이러한 그가 단 한 번도 대항해 보지 못한 일을 벌인다. 남부 여행의 마지막 공연에서 박사는 흑인의 출입을 막는 식당 매니저의 행동에 처음으로 자신의 공연을 포기한다. 그리고 그것을 구원해 주는 것은 다름 아닌 토니이다. 더 이상 돈 셜리 박사가 백인들의 광대로 취급받는 것을 원치 않는 토니는 박사를 데리고 편히 식사할 수 있는 장소로 이동한다. 그곳은 식당 매니저가 언급한 유색인종만을 위한 식당, 바로 '오렌지 버드'이다. 두 인물이 식당에 들어가는 장면에서 시작되는 음악은 24번째 사운드트랙인 'Let's Roll'이며 재즈 장르 중 블루스(Blues)[*]이다. 블루스는 재즈에서 가장 기초적이고 일반적인 곡의 구성을 말한다. 이것은 12마디의 짧은 구성단위가 악기구성에 따라 다양하게 변주되어 반복되는 음악 스타일을 말한다. 12마디의 화성 진행은 매우 심플하다. 토닉(Tonic)이라 부르는 화성에서의 1도(Ⅰ), 서브도미넌트(Sub-Dominant)인 4도(Ⅳ), 그리고 도미넌트(Dominant)인 5도(Ⅴ)의 구성으로 12마디를 Ⅰ-Ⅳ-Ⅰ-Ⅰ/Ⅳ-Ⅳ-Ⅰ-Ⅰ/Ⅴ-Ⅴ-Ⅰ-Ⅰ와 같은 기본 진행으로 이어나가는 형식인데, 필요에 따라 투파이브원(Ⅱ-Ⅴ-Ⅰ)*의 진행을 가미하여 화성을 풍성하게 사용한다. 이처럼 간단하고 소박한 화성진행을 사용했던 것은 블루스가 흑인의 민중음악이며 민속음악이었기 때문이다. 흑인 노예제도로 이어지는 과거를 보면 이 블루스는 고된 노역으로 마무리되는 하루의 일과 속의 '노동요'가 되기도 하고 신나게 춤을 추는 댄스음악이 되기도 한다. 블루스는 그들에게 있어 삶이며 위로인 것이다. 영화 <그린 북>에서의 '오렌지 버드' 장면이 아마도 그 당시 블루스가 흘러나오던 흑인들의 밤 문화를 그대

영화 <그린 북>의 마지막 연주

로 재현한 것이다.

'오렌지 버드'의 문이 열리는 순간 공간은 이전의 분위기와 완벽하게 분리된다. 이 속에서는 외부의 구속이 없는 자유의 공간이다. 흑인사회에서 좀처럼 보기 힘든 의상인 턱시도를 입은 박사에게 향하는 시선이 낯설게 느껴지지만 그것 또한 잠시, 박사는 오랜 시간 동안 해결 받지 못했던 자신 스스로 만들어낸 규범들과 그로 비롯된 억압들에서 드디어 자유로워짐을 느낀다. '오렌지 버드'의 무대 위 피아노 앞에 앉은 박사는 백인의 사회에서 단 한 번도 연주해보지 못한 아니, 연주할 수 없었던 쇼팽의 에튀드 '겨울바람'을 완벽히 연주해낸다. 이 무대는 결코 화려하지 않으며 피아노도 그가 그렇게 고집하던 스테인웨이(The Steinway & Sons)+가 아니다. 그러나 그 연주는 그에게 있어 자신만의 틀을 깨부수는 시작이 된다.

그의 독주가 끝나고 밴드의 멤버들이 자연스레 무대로 올라온다. 그리고 오늘 처음 본 그들이 합을 맞춰 연주하는 것은 또다시 블루스이다. 박사는 천재 피아니스트의 명성답게 그들의 반주에 맞춰 거침없는 솔로 연주를 시작한다. 이때의 곡은 사운드트랙의 25번째 곡인 'Backwood Blues'이다. 토니와 박사는 길고 길었던 남부 여행의 마지막 연주를 이 곳 '오렌지 버드'에서 완성한 셈이다. 연주를 마치고 잔뜩 흥분된 박사의 첫 대사는 결국 이 영화의 여정을 통해 배운 단 한 가지이다. "이렇게 틀을 깨는 거지…!"

*버디무비(Buddy Film): 두 명의 남자배우가 주인공으로 등장하는 영화을 말한다.
*블루스(Blues): 19세기 말 미국의 흑인들에 의해 탄생한 음악 형식. 아프리카와 유럽의 음악이 섞여 발전했고, 장음계에서 3도음과 7도음을 반음 낮춰 연주하는 것이 특징이다.
*내재음악(diegesis music): 내재음악은 디제시스 음악과 동일한 말로, 영화에서 스토리가 전개되는 영화 속의 시공간 안에서 들리는 음악을 말한다.
*투파이브원(Ⅱ-Ⅴ-Ⅰ): '투 파이브 진행' 또는 '투 파이브 모션'의 줄임말로 각 조의 기반이 되는 스케일(장음계, 단음계)의 2도 및 5도에서 구성되는 코드의 연결이다.
*스테인웨이(The Steinway & Sons): 독일과 미국 소재의 수제 피아노 브랜드. 높은 품질로 많은 저명한 피아노 연주자들이 애용하고 있다.

그랜드 부다페스트 호텔(The Grand Budapest Hotel, 2014) ::
이국적 재현의 음악

꼭 영화가 아니더라도 동화 속 한 장면 같은 아기자기한 핑크빛 호텔이 그려진 포스터나 삽화를 한 번쯤은 보았을 법하다. 영화의 시각적 스타일이 이렇게 강렬히 작용했던 영화가 과연 몇 편이나 될까? 영화가 개봉된 지 10년이 지난 지금까지 공연, 전시, 광고, 서적에 이르기까지 다양한 문화 영역에서 언급되고 있는 영화 <그랜드 부다페스트 호텔>은 할리우드 역사상 가장 독특한 작가주의 감독으로 언급되는 웨스 앤더슨(Wes Anderson, 1969)의 대표작이다. 웨스 앤더슨의 독특한 스타일은 그의 여러 작품에서 동일하게 표현되는 이미지 때문일 수도, 색다른 스토리와 새로운 차원의 유머 속에 녹

영화 〈그랜드 부다페스트 호텔〉의 포스터

아있는 진중한 자기주장들 때문일 수도 있다. 이유야 어찌됐든, 이 영화는 바로 웨스 앤더슨 그 자체이다.

영화 <그랜드 부다페스트 호텔>의 세계는 모두 그의 상상에서 창조되었다. 영화에 등장하는 호텔의 내부는 객실과 사우나, 수영장, 로비보이의 구역, 엘리베이터 등을 모두 개별적으로 나누어 각각의 공간 이미지를 창의적이고도 경이롭게 꾸며놓았다. 영화 대부분의 장면에서 딥 포커스(Deep-Focus) 방식이 사용되었음을 생각해본다면 웨스 앤더슨이 영화로 표현되는 자신의 이데아에 얼마나 심혈을 기울였는지 짐작할 수 있다. 우리는 모든 초점 속에 숨겨진 온갖 기표 찾기에 애를 쓰며 그의 숭고한 노력에 진심으로 찬사를 보내

주어야만 한다.

영화는 한 소녀의 등장으로 시작되며, 그녀의 손에는 한 권의 책 <그랜드 부다페스트 호텔>이 들려져 있다. 책의 뒷표지에서 등장하는 작가의 얼굴과 함께 영화는 과거로 진입한다. 관객이 처음 맞이하는 과거는 1985년으로 자신의 소설을 이야기하는 작가의 시선이다. 주브로브카(The Former of Republic of Zubrowka) 지역 – 이곳은 웨스 앤더슨의 상상 속에 존재하는 가상의 지역이다 – 의 호텔에서 호텔의 주인인 제로(토니 레볼로리)를 만나 이 거대한 호텔을 소유하게 된 일련의 사건들을 이야기하며 영화는 또 다른 과거로 진입한다. 영화가 이처럼 복잡한 액자식 구성(narrative of frame)*을 통해 여러 겹의 이야기로 쓰는 방식은 꽤 보기 드문 재미있는 방식이다. 그러나 이보다 더 흥미로운 것은 영화가 제시하는 시대를 그 시대에 사용되었던 영화의 화면비(aspect ratio)를 선택하여 시대가 변하는 과정에 맞춰 보여주었다는 점이다. 영화 <그랜드 부다페스트 호텔> 속 화면의 가로와 세로비는 1.37:1, 1.85:1, 2.35:1의 세 가지 비율이 교차되며 이것은 영화에서 표현되는 시대 80년대, 60년대, 30년대의 여러 연대의 복합적 구성방식이다. 영화의 시작에서 작가가 자신이 제로에게 들은 스토리를 전달하는 1985년의 시대는 오늘날의 영화 비율인 1.85:1로, 1932년은 초창기 영화의 정사각형 비율인 1.37:1로, 영화가 TV와의 차별화를 위해 스펙터클한 와이드 화면을 사용했던

1960년대는 가로비가 확장된 2.35:1의 비율로 영화를 조작한다. 꽤나 거추장스러웠을 것 같은 작업을 통해서 결국 그가 실현한 영화의 완성은 역시나 개성 있는 미장센과 그만이 엮어가는 세련된 장난기일 것이다.

영화의 중심 스토리는 1932년이며, 호텔의 컨시어지(concierge)를 담당하는 무슈 구스타브(랄프 파인즈)와 로비보이 제로의 만남으로 시작된다. 구스타브는 바람둥이이며 도도하고 오만한 캐릭터지만, 웃음이 없는 얼굴로 난데없이 시낭송을 하거나 일정 향수(파나슈 향수)에 유독 집착하는 행동과 같은 설정은 캐릭터에 대한 독특한 재미와 매력으로 관객의 마음을 사로잡는다. 이 구스타브의 연인이었던 마담D(틸다 스윈튼)의 살해 사건이 벌어지고, 그녀와 가장 가까웠던 구스타브는 유산 상속자이며 동시에 살해 용의자가 된다. 이 유산을 차지하기 위한 기발하고 엉뚱한 사건들과 구스타브를 돕기 위해 사건에 함께 휘말리며 사건을 해결해 나가는 로비보이 제로의 이야기가 이 영화의 중심 스토리이다. 비교적 평이하게 느껴질 만큼 스토리로서는 복잡함이 없지만, 전형적인 스크루볼 코미디(screwball comedy)*답게 영화는 시종일관 과장된 연기와 희화적 장면을 세팅해 둔다. 그리고 그 속에는 1·2차 세계대전과 같은 전쟁의 파괴성과 동·중부 유럽사회의 전체주의와 같은 무거운 주제를 담아 영화의 이면을 제시하였다는 점도 이 영화가 진지한 코미디를 만들어 가는 웨스 앤더슨 감독만의 천재성이라고 생각한다.

영화음악가 알렉상드르 데스플라

 자신의 영화에 이토록 치밀하고 완벽한 집착을 이루어내는 웨스 앤더슨이 선택한 음악감독은 그의 이전 흥행작이었던 <판타스틱 Mr. 폭스>(Fantastic Mr. Fox, 2009)와 <문라이즈 킹덤>(Moonrise Kingdom, 2012)의 작업을 함께 한 알렉상드르 데스플라(Alexandre Desplat a notre portee, 1961)이다. 할리우드 영화음악가 하면 떠오르는 한스 짐머나 일본을 대표하는 영화음악가 하면 조 히사이시와 같이 단번에 떠오

알렉상드르 데스플라

르는 대중적인 영화음악가는 아니지만, 그의 음악은 알렉상드르 자신보다 대중적이다. 이러한 점은 웨스 앤더슨과 닮았다.

알렉상드르 데스플라는 프랑스 출신의 작곡가답게 여러 작품에서 매우 서정적이고 낭만적인 음악을 작곡했다. 그의 음악적 스타일은 다분히 할리우드적 음악이 아닌 것은 분명하다. 그의 음악은 이제껏 할리우드에서 애정으로 지켜왔던 한스 짐머와 존 윌리엄스로 대변되는 그러한 음악들의 분위기와는 차원이 다른 무언가가 있다. 프랑스인 아버지와 그리스인 어머니 밑에서 태어난 알렉상드르는 어린 시절 부모님과 함께 타국으로의 여행을 즐겨 했다. 이 시기의 다양한 여행 경험들은 그의 음악적 영역이 클래식과 재즈, 그리고 민속음악과 월드뮤직에 이르기까지 확장되는데 큰 기여를 했고, 특히 어머니의 영향으로 이집트의 유명가수 움 쿨슘(Umm Kulthum, 1904-1975)의 음악을 즐겨들었다고 하니, 그의 어린 시절이 얼마나 다양한 음악을 경험한 좋은 환경이었는지 알 수 있다. 그가 이처럼 다양한 장르의 음악을 섭렵하게 된 것이 영화음악에는 결정적 역할을 했다. 다양한 국가의 배경과 인물들, 그리고 다양한 장르의 음악이 필요한 영화의 세상 속에서는 그의 음악적 발상이 필요했던 것이다.

알렉상드르 데스플라의 음악에는 인장(印章)이 없다. 이것은 그가 만든 많은 음악을 들어보더라도 '이것은 데스플라의 음악이야…!'라고 단정지을만한 그만의 규정된 스타일이 없다는 뜻이다. 나는 이 부분이 영화음악 작곡가의 큰 장점이라 생각한다. 각기 다른 영화작품에서 작곡가가 자신의 스타일에서 좀처럼 벗어나지 못한다면 그만한 딜레마가 없으며 그보다 더 지루한 작곡가가 없을 것이다. 반대로 음악이 영화에 따라 완벽히 변모하여 영화와 조화되는 일은 영화음악이 원하는 가장 기본적인 것이다. 이러한 개념에서 알렉상드르 데스플라의 역량은 21세기의 타고난 영화음악가가 아닐까 생각해본다. 영화음악의 감독과 작곡가의 영역을 이처럼 동시에 훌륭히 해낼 수 있다는 것은 영화에 대한 깊은 이해와 음악의 기반이 두루 겸비되어 있다는 증명이며, 이러한 점이 그가 차근차근 성실하게 쌓아올린 자신만의 음악세계이다.

알렉상드르 데스플라의 이야기를 담은 영화 <세이프 오브 뮤직: 알렉상드르 데스플라>(IN THE TRACKS OF ALEXANDRE DESPLAT, 2018)는 60분가량의 짧은 러닝타임으로 제작된 다큐멘터리이다. 이 다큐멘터리에 담긴 영화음악에 대한 그의 철학은 숭고하다. 한 장면의 음악을 만들어내기 위해 그가 얼마나 완벽주의적인 태도로 연주자들을 괴롭히고(?) 있는지 잘 보여준다. 그리고 일단 작업에 돌입하고 난 이후에는 부드러운 카리스마가 압도한다. 작품에 몰두함에 있어서는 강박스럽기까지한 그의 태도가 웨스 앤더슨 감독과 잘 맞아 떨어지는 듯한 느낌이 바로 여기서 전달되는 것 같다. 알렉상드르 데스플라에 대한 웨스 앤더슨의 인터뷰와 그와 함께한 작품들에 대한 이야기가 더욱 궁금한 이들에게 이 다큐멘터리를 찾아볼 것을 권한다.

알렉상드르 데스플라의 표현 방식

영화 속에는 비브라폰(Vibraphone)* 소리라고 하기에 그 음색이 훨씬 선명하고, 실로폰(xylophone)보다는 더 단단하고 묵직하게 들리는, 무언가 멜로디가 선명하게 들리는 음악이 있었다. 이 음악에서는 익숙한 듯 낯선 음색의 단선율이 관객들의 귀에 익숙한 다른 악기의 보조적인 도움 없이 과감하게 홀로 연주되는가 하면, 작곡가들이 그렇게 꺼려한다는 점리듬*으로 곡의 시작부터 끝까지 도배해 버리는 패기가 있고, 조성을 짐작할 수 없을 만큼 민속음계를 유려하게 사용하는 스킬이 드러났다. 바로 사운드트랙의 3번째 곡인 'Mr. Moustafa'이다. 알렉상드르 데스플라가 이 음악에서 주 멜로디의 연주에 사용한 악기는 헝가리의 민속악기인 '침발롬(cimbalom)'이다. 하프시코드(harpsichor)라는 이름으로도 불리는 침발롬은 타현악기로 건반과 지붕이 없는 그랜드피아노의 모형과 비슷하다. 연주자는 두 개의 막대로 여러 겹의 금속으로 된 현을 직접 치며 연주하는 방식인데 비슷한 방식의 타현악기에 비해 그 울림과 크기는 훨씬 강렬하다.

연속되는 점리듬의 멜로디는 동화 속 그림 같은 영화의 허구적 공간과 장난기 가득한 캐릭터들의 이미지를 더욱 부각해 준다. 또한 호텔 주위의 배경과 내부 공간을 설명하며 시작되는 침발롬의 음색과 반음계의 멜로디 활용은 이국적인 느낌을 자아내며 영화를 한층 신비롭게 만드는 역할을 한다. 침발롬의 음색과 함께 영화의 사운드트랙을 지배하는 악기가 또 하나 있다. 바로 러시아의 민속악기 발랄라이카(balalaika)*이다. 발랄라이카는 어쿠스틱 기타와 동일하게 운지를 하며 오른손으로 빠르게 현을 울려 나무의 울림통에 의한 소리를 발현시키는 방식의 악기이지만, 어쿠스틱 기타보다는 작고 몸통이 삼각형 모양이며 소리를 발생시키는 줄은 모두 세 개

〈Mr. Moustafa〉의 침발롬 멜로디

이다. 그러다보니 이 세 개의 줄로 연주되는 음악들은 주로 트레몰로(tremolo)* 주법으로 이루어진 반주를 담당하게 된다. 발랄라이카는 높은 음역대의 음색을 지니며 세 개의 줄이 스틸과 나일론으로 섞여 구성되어 있기 때문에 그 특유의 부드러우면서도 명료한 음색이 이 악기의 특징이다. 발랄라이카의 이러한 감성은 이국적인 느낌과 함께 음악의 서정성을 더해 준다. 알렉상드르가 이 작품의 음악을 스케치하며 '그랜드 부다페스트 호텔'이라는 허구적 공간에 대한 신비로운 이미지를 음악으로 구현하는 일에 가장 주력했다고 이야기한 인터뷰를 생각해 본다면, 이 영화의 사운드트랙이 얼마나 독특하게 영화와 어우러지는지 알 수 있을 것이다. 또한 이처럼 생경한 음악을 세련된 위트와 감각으로 치장하여 영화에 감쪽같이 녹아내는 것은 할리우드의 다른 작곡가와 비교되는 그만의 장기이다.

영화 <그랜드 부다페스트 호텔>는 음악의 사용이 적극적인 영화 중 하나이다. 영화에서 음악이 차지하는 비중이 꽤 많고 연속적이다. 대부분의 영화 장면에 마치 어디선가 틀어놓은 BGM과 같이 음악을 배경 위에 흘려놓는 방식인데, 인물간의 대사가 있다거나 음악이 소거되어야 하는 장면이 있다 하더라도 볼륨 레벨만 적당히 낮춘 채로 음악을 지속시키는 방식이다. 그리고 이어지는 음악에서 중요한 장면이 펼쳐지는 순간 음악의 볼륨 레벨을 극적으로 상승시킨다. 마치 영화와 함께 음악을 플레이하는 DJ가 따라다니는 듯한 느낌이다. 그러다 지속되던 음악에 익숙해지려던 찰나 음악을 급하게 단절시켜 버린다. 관객들은 음악이 빠져버린 그 순간 영화의 장면에 절대적으로 몰입하게 된다. 이것이 이 감성적이고 장난기 가득한 영화의 음악을 더욱 유머러스한 동화로 만든 알렉상드르의 재치 있는 발상이었을 것이다. 특히 영화 후반부의 주브로브카 알프스에서 십자열쇠협회의 도움을 받으며 벌어지는 에피소드 장면에서 극대화되었다. 영화의 01:13분 지점에서 01:20분까지 약 7분가량 이어지는 이 장면에서 음악은 지속과 단절을 반복하며 긴 시퀀스를 채워간다. 더욱이 B♭–F–B♭–E♭–B♭–F–B♭–의 코드로 무한 반복되는 모티프를 장면의 상황에 맞추어 다양한 편곡기법을 활용하여 장면을 연출하는데, 음악이 장면에 들어가고 나가는 시점인 인아웃(In-Out)의 효과적인 연출과 다양한 음악의 변주를 이어가는 이 7분의 시퀀스는 한시도 지루할 틈이 없다. 영화의 임시 편집 영상을 옆에 두고 피아노 앞에 앉아 세심하게 장면 속 음악의 인아웃 지점을 고심하고, 음악의 빠르기와 악기 편곡에 몰두했을 알렉상드르의 모습이 그대로 상상이 되는 장면이다.

하나의 작품에 할 수 있는 모든 것을 녹여 만들어내는 그의 아티스트적인 면모는 영화를 바라보는 사람으로서 숙연해질 지경이다. 동시대에 살며 그의 진화하는 작품들을 꾸준히 접할 수 있다는 것은 정말이지 큰 행운이 아닐 수 없다.

*액자식 구성(narrative of frame): 이야기 속에 하나 또는 여러 개의 내부 이야기가 들어 있는 소설의 구성을 말한다.
*스크루볼 코미디(screwball comedy): 1930년대 유행했던 코믹극의 한 종류. 재치있는 대사, 갈등과 애증을 결합시켜 한바탕 소란을 벌인 뒤에 이어지는 해피엔딩. 연약한 남자와 자기주장이 강한 거센 여성 등이 등장하는 것이 이 드라마의 큰 특징이다.
*비브라폰(Vibraphone): 비브라하프 또는 바이브즈라고 불리는 비브라폰은 실로폰, 마림바, 글로켄슈필 등과 유사한 외양을 가진 타악기이다.
*침발롬(cimbalom): 피아노의 전신인 건반 악기를 말한다.
*발랄라이카(balalaika): 러시아 북부와 중부의 민속 악기로 발현악기의 일종이다.
*트레몰로(tremolo): '떨린다'라는 뜻으로, 연주에서 음이나 화음을 빨리 규칙적으로 떨리는 듯이 되풀이하는 악기의 연주 기법 중 하나이다.

서스페리아(Suspiria, 2018) :: 공포를 촉발하는 음악의 기술

'발레'라는 무용을 소재로 너무나 섬뜩하게 만든 영화가 있다. 지하 어딘가에서 마녀들이 모여 주술을 외며 추는 일종의 마녀들의 안무일 수도 있다는 순수한 상상을 하도록 만든 그 영화는 1977년 개봉했던 다리오 아르젠토(Dario Argento, 1940) 감독의 <서스페리아>(Susperia, 1977)이다. 당시 영화를 떠올려 보면 대단히 충격적이고 파격적인 장면이 가득했다. 영화는 온통 붉은 빛이고, 뾰족하게 각이 진 소품들과 피가 낭자한 여학생의 시체, 그리고 붉은 조명 앞의 소녀들의 이미지는 말 그대로 끔찍함을 작정하고 만든 호러영화의 본보기였다. 지금 생각하면 그토록 화려하게 욕심냈던 미장센에 비해 영화의 스토리는 민망할 정도로 단순해서 역시 다리오 아르젠토 감독은 지알로 무비(giallo movie)*만의 거장이었구나 하는 생각이 들 정도이다. 이런 마음으로 2018년 <서스페리아>가 재구성되었다는 소식을 들었을 때 다시 보고 싶지는 않았다. 어른이 된 지금의 시각으로 이 영화를 보는 일은 재미도 없고 의미 없는 일일 것 같았다. 그럼에도 불구하고 관심이 가는 것은 루카 구아다니노(Luca Guadagnino, 1971) 감독 때문이었다. <콜 미 바이 유어 네임>(Call Me by Your Name, 2017), <아이 엠 러브>(Io sono l'amore, I Am Love, 2009), <비거 스플래쉬>(A Bigger Splash, 2015)와 같이 그토록 서정적이고 밝은 사랑의 이야기만을 노래하던 그의 감성으로 연출하는 공포영화는 혹시 아름답고 찬란한 호러영화가 탄생하게 되는 것은 아닌지.

2018년도의 <서스페리아>는 전작보다 전체적인 명암의 톤은 밝아졌지만 서늘하고 냉랭한 무채색의 컨셉이 한층 강화되었다. 공포영화의 클리셰인 붉은 조명, 낭자한 혈흔과 같은 장치는 철저히 삭

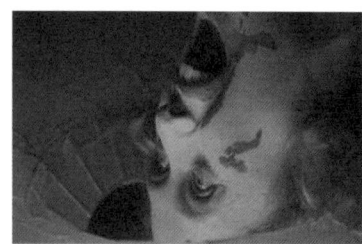 

〈서스페리아〉1977과 〈서스페리아〉2018

제되었고, 그 자리에 투명하고 무채색의 액체를 대체한 것은 차분한 공포 속에서 느껴지는 그로테스크함을 가중시켰다.

  루카 구아다니노 감독이 시도한 차별화된 전략은 영화 속 전체적인 색채의 변화와 함께 전작에서 여러 번 언급됐던 서사적 방식의 허술함을 만회하는 것이었다. 패트리샤(클로이 모레츠)와 그를 상담하는 클렘페러 박사의 스토리를 추가하여 영화의 세계를 더욱 깊이 있게 확장하고, 틈틈이 70년대 독일 사회의 큼지막한 사건들을 제시하여 영화와 매치하는 방식들, 그리고 주인공 수지(다코타 존슨)의 배경설계와 그녀가 독일로 떠나오기 전의 상황들을 보여주는 장면들은 전작과는 달리 영화를 더욱 표층적인 구조로 표현하기 위해 노력하였다. 그러나 이러한 노력들이 이 영화의 본질적인 주제를 강화시킬 수 있었는지에 대해서는 약간의 의문이 남는다. 영화의 엔딩까지 내내 기다렸던 추가적 스토리들의 인과성은 대체 보이지 않고 마녀들의 피의 대(大)환장 파티로 끝나버리는 엔딩이 아주 조금은 아쉽다. 따라서 이 영화의 음악해석을 위한 스토리의 서술은 거두절미하고 미국인 수지가 독일 베를린의 '마르코스 무용단'에 입단을 하게 되고, 그 곳에서 겪게 되는 기이한 일들을 따라 결국 그 곳이 '마녀'들의 본거지임을 알게 된다라는 전작의 압축에서 출발해 보도록 하겠다.

음악으로 공포를 재현하는 방식

호러영화의 절반은 음악과 사운드라는 말이 있다. 무서운 장면을 대기하며 눈을 감기보다 두 손으로 귀를 막는 관객이 훨씬 많은 것이 그 이유일 것이다. 실제로 아무리 섬뜩한 영상을 재생시켜 놓아도 사운드와 음악이 부재하다면 그 영상의 공포는 쉽게 체감되지 않는다. 그만큼 호러영화에서 음악과 사운드의 비중은 압도적이다.

음악으로 공포를 재현하거나 공포와 근접한 감정을 표현하기 위해 다양한 음악적 요소들, 예컨대 음악 조성의 선택에 있어 어두운 마이너(minor) 조성이나 중심조성이 없는 복조성* 혹은 무조성*을 선택한다거나, 일반적으로 진행되는 안정된 화성진행을 배제하고 불협화음이나 비화성음*을 사용하여 음악으로서 불안감을 유발시키는 것, 또는 크로매틱 스케일(chromatic scale)*이나 모드 스케일(Mode scale)에서 느껴지는 낯선 멜로디를 활용하는 것은 음악 작법의 요소들로 불안한 심상을 그리게 만드는 대표적 방식들이다. 이러한 음악적 요소를 기반으로 하여 영화의 이미지와 결합해 관객들을 오싹하게 만들었던 영화가 있다. 바로 영화 오멘(The Omen, 1977)으로, 제리 골드스미스(Jerry Goldsmith, 1929-2004)가 음악감독을 맡았다. 50여 년이 지난 지금 보아도 여전히 손발을 얼어붙게 만드는 영화 <오멘>은 교회, 빙의, 사탄과 같은 공포영화의 단골 소재가 담긴 서양

오컬트 영화의 대표작이다. 이러한 영화의 소재는 즉시 음악과 결합하여 영상과 합일되는 음악을 만든다. 바로 교회음악으로 설명할 수 있는 그레고리오 성가, 다성 합창, 오르간 반주, 라틴어 가사로 표현되는 종교음악이다. 영화 <오멘>의 메인테마인 'Ave Satani'를 생각해 보자. 불협화음으로 시작되는 장엄한 오케스트라의 전주와 함께 교회의 종탑이 연상되는 차임벨이 영화의 강렬한 이미지를 전달한다. 남녀 혼성 합창으로 구성된 이 음악은 모든 곡에 라틴어 가사를 사용하는데, 멜로디의 이동이 거의 없는 교회선법과 라틴어 가사로 전달되는 정서는 악마 숭배라는 영화의 주제를 강화시키며 공포를 극대화한다. 특히 전통 화성학에서 금기시 하는 단2도, 단9도와 같은 불협화음을 의도적으로 사용하여 음악으로서 불안과 긴장을 지속시키거나 마이너 스케일과 12음 기법과 같은 귀에 낯선 음계를 사용하여 음침하고 스산한 느낌을 유발시키는 것은 공포를 조성하기 위한 가장 기본적이고 고전적인 방식이다.

영화 <서스페리아>의 음악 중 'The Hook'는 영화 내 여러 번 등장하여 차갑고 음산한 분위기를 강화시킨다. 이 음악이 이토록 음산한 분위기를 자아내는 것은 조성과 박자가 드러나지 않은 무조성 음악에 피아노의 차가운 선율이 주는 정서 때문이다. 이 곡은 쇤베르크(Arnold Schonberg, 1874~1951)*의 12음 기법이 연상되는데 동일하게 반복되는 음가의 상승과 하강을 반복시키며 음악을 진행시킨다.

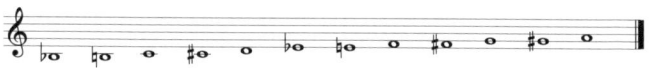

쇤베르크의 12음(도데카포니) 기법

특히 이 음악은 주로 주인공인 수지가 춤을 추는 장면에 배치하여 수지가 펼치는 안무 음악으로 사용된다. 수지가 무대를 장악하며 춤을 추는 모습과는 상반되게 다른 공간에서 죽음에 이르는 춤을 추고 있는 올가(엘레나 포키나), 이들의 교차편집은 이 영화에서 가장 소름 돋는 장면으로 유명하다. 또 영화 중반부 마녀 '마르코스'의 이끌림에 기괴한 춤으로 지배당하고 있는 수지를 바라보는 마담 블랑(틸다 스윈튼)의 장면에서 같은 음악을 효율적으로 배치하였는데, 알 수 없는 존재에 홀린 듯 격정적인 춤을 추고 있는 수지의 움직임과 그녀를 둘러싸고 있는 마녀들의 차가운 공기가 음악과 어우러져 서늘한 공포를 연출한다.

또 다른 트랙인 'Has Ended'를 살펴보자. 이 음악은 무용단의 책임자들이 그들의 수뇌인 대표 마녀를 선발하는 장면에서 흘러나온다. 그다지 엄중한 분위기의 화면은 아니다. 무용단의 구성원들은 자유롭게 식사를 준비하며 그녀들이 지지하는 마녀의 이름을 하나씩 읊어대기 시작한다. 이 느슨한 분위기 속에서 흘러나오는 5번째 트랙의 'Has Ended'는 이 영화의 분위기에서는 전혀 예상치 못한 그루브 넘치는 드럼 비트를 전면에 내세웠다. 사실 그동안 영화 음악의 분석으로 보면, 이 음악은 음악의 장르적인 부분이나 영화의 서사적인 부분, 그리고 화면의 이미지 그 어떤 것을 고려해 보아도 이 음악과 결합될 만한 연결고리는 없다. 중년의 독일 여성들이 지배적인 공간에서 식사를 준비하는 주방의 분주한 모습의 장면에 강한 드럼 비트를 내세운 음악을 배치한다는 것은 음악감독의 입장에서나 연출자의 입장에서 꽤나 도전적인 일이다. 그럼에도 불구하고 화면과 소리의 이질감은 느껴지지 않는다. 오히려 색다른 긴장과 묘한 분위기가 어우러져 장면을 더욱 세련되게 만든 기분이랄까? 이 드럼 비트를 영화 속에 서슴없이 융화시켜 버리는데 도움을 준 악기는 민속악기로 알려진 허디거디(hurdy-gurdy)*라는 현악기이다. 본래 현을 튕기면서 멜로디를 연주하지만 영화 <서스페리아>의 트랙에서는 지속적인 저음을 내뿜으며 노래나 리듬을 보조하는

영화 <서스페리아>의 수지(왼쪽)와 마담 블랑(오른쪽)

역할을 하고 있다. 연주자가 크랭크(crank)라고 하는 손잡이를 돌려 현을 마찰시켜 소리를 낸다. 이 손잡이 바퀴의 힘과 속도에 따라 악기 특유의 몽환적이면서도 이국적인 느낌을 자아낸다. 삽입곡 'Has Ended'에서 연주된 드럼 비트는 단순한 8비트의 리듬으로 반복되지만 그 안에서 함께 연주되는 허디거디는 특정한 리듬이나 음정의 움직임 없이 음향적인 요소로 오묘한 분위기를 자아내며 음악의 공간을 지배하고 있다.

아름다운 공포음악의 재현

영화 <서스페리아>는 영국의 대표 록밴드 '라디오헤드(Radiohead)'의 리더 톰 요크(Thomas Edward Yorke, 1968)가 음악감독한 그의 첫 작품이다. 그동안 그가 밴드를 통해 보여주었던 복합 음악장르의 결과들과 다양한 사운드가 결합된 프로그레시브 음악들은 역시나 기존 공포 영화음악의 관례적인 스타일을 벗어난 그만의 독특한 정서를 만들어냈다. 그의 음악에는 독특하고 모순된 감정이 가득하다. 극도의 우울함이 있지만 평화가 느껴지기도 하고, 불안이 가득한 내면을 노래하지만 또 어느 순간 행복이 가득한 종지로 끝맺기도 한다. 톰 요크의 연약하고 해체된 보이스는 청자들로 하여금 말할 수 없는 깊은 불안감을 창출해 내기도 하지만, 이 어둡고 서정적인 목소리는 음악과 조화를 이루며 아름다움으로 승화되는 묘한 매력을 준다. 톰 요크만이 지닌 이러한 독특한 능력이 영화와 접속되었을 때, 영화는 시각과 청각과 그리고 감각 사이의 괴리를 형성하며 낯선 공포 속으로 유인하는 것이다.

이전까지의 영화가 낮은 채도를 유지하는 방식으로 차분하게 공포를 이끌어 왔다면, 영화 종반부의 톤은 온통 무겁고 붉다. 장면의 전환은 영화의 클라이맥스인 마지막 30분, 수지 스스로가 '한숨의 마녀'임을 밝히고 마르코스를 추종하던 이들에게 잔인한 피의 대가를 치르게 하는 장면부터 시작된다. 보이지 않는 마녀의 힘으로 마담 블랑의 목이 잘려나가고, 나체의 무용단 단원들이 홀린 듯 기괴

영화 〈서스페리아〉의 한 장면

한 춤을 추는 장면이나 내장이 흘러 바닥에 나뒹구는 장면들은 완벽한 B급 호러영화의 형식이다. 그러나 루카 구아다니노 감독이 그동안의 작품에서 보여주었던 예술성에 후한 인심을 써 독일 표현주의 작품을 표방한 아름다운 고어무비라 해두자.

이 장면을 더욱 아름답게 미화시켜 준 것은 바로 톰 요크의 불안하고 연약한 발라드 음악의 배치이다. 13번째 트랙인 'Unmade'는 그야말로 '라디오헤드'스럽고 '톰 요크'적이다. 미스테리한 느낌을 자아내며 마치 소음(noise)처럼 흩어진 앰비언트 사운드는 글리치(Glitch)* 음악과 같은 실험적인 느낌을 주기도 한다. 여기에 우리 귀에 친숙하고 안정감 있는 피아노 사운드가 더해져 음악은 희미함과 분명함 사이를 적절히 오고간다. 이 곡의 연주는 프랑스 출신의 피아니스트 카티아 앤 마리엘 라베끄(Katia And Marielle Labeque) 자매가 담당하였다. 왠지 알고 들으면 더 아름다운 곡이다.

이 아름답고도 모호한 음악을 유혈이 낭자한 클라이맥스 장면에 의도적으로 배치하여 어떻게든 장면을 포장해보려 했던 것은 아닐까. 이 장면에서 음악의 힘이 얼마나 대단한지 수지의 대사는 영화 속 대사가 아닌 음악의 일부가 된 것 같은 착각을 일으킬 정도였다. 마치 한 편의 강렬한 뮤직비디오를 본 것과 같은 느낌이다. 영화는 어둠의 공간에서 밝고 환한 공간으로 이동한다. 그리고 지상의 세상은 아무 일도 없는 듯 평온하다. 영화는 클렘페러 박사와 그녀의 부인 앙케의 이니셜이 적힌 벽의 낙서를 클로즈업하며 영화의 엔딩 테마인 'Suspirium'과 함께 끝을 맺는다.

*지알로 무비(giallo movie): 화려한 이미지와 자극적인 살인 장면이 특징인 이탈리아 공포영화 장르이다.
*복조성: 두 개 혹은 그 이상의 조성이 동시에 나타나는 일을 말한다.
*무조성: 현대음악 양식으로, 정해진 조성이 없이 연주되는 곡의 형태이다.
*크로매틱 스케일(chromatic scale): 반음계. 옥타브(완전 8도) 이내의 모든 반음을 높은 순으로 늘어놓은 스케일(음계)이며, 12음으로 구성된다.
*쇤베르크(Arnold Schonberg, 1874~1951): 오스트리아 출신의 표현주의 음악가. 표현주의 음악은 20세기 표현주의 회화에서 영향을 받은 것으로 예술가 자신의 감정의 주관적인 표출을 중요시 하는 것이 특징이다.
*허디거디(hurdy-gurdy): 류트 모양의 네 줄 현악기. 회전 원통을 돌려서 줄을 문질러 소리나게 만든 찰현 악기를 말한다.
*글리치(Glitch) : 1990년대 중후반에 나타난 전자음악의 한 장르. 음향적인 결함에 바탕을 둔 오류를 의도적으로 음악에 사용하는 것이 특징이다.

스탈린이 죽었다!(The Death of Stalin, 2017) ::
러시아 음악과 정치

    1953년 2월 28일 모스크바의 어느 음악회. 영화의 시작은 무대에서 울려퍼지는 모차르트 피아노 협주곡 23번 2악장으로 시작한다. 협주곡의 가장 완벽한 양식으로 자주 언급되는 이 곡은 모차르트 음악이 완숙기였던 1784-86년 사이에 쓰여진 마스터피스 중 하나이다. 특히 영화에서 재현된 2악장은 6/8박자 f#마이너의 조성으로, 밝고 천진한 작곡가라는 모차르트의 보편적 이미지와는 다르게 피아노의 낭만적인 선율로 고요하고 아름답게 연주된다. 그러나 영화 속에서 울려퍼지는 고요한 행복은 한 통의 전화로 산산조각난다. 바로 당시 소비에트 사회주의 공화국 최고 권력자인 스탈린(Iosif Vissarionovich Stalin, 1879-1953)의 전화였다. 실제로도 클래식 음악에 조예가 깊은 스탈린의 모습이 영화에서 그대로 드러나는 순간이다. 연주 공연실황 녹음을 보내달라는 스탈린의 요청은 공연 관계자들과 라디오 모스크바의 담당자를 아연실색하게 만들고 공연 실황이 생방송으로 진행되어 녹음본이 없다는 사실에 패닉에 빠진다. 공연장 관계자들은 이미 연주가 끝나 집으로 돌아가던 연주자들과 관객들을 다시 불러 앉혀 녹음을 위한 재공연을 꾸미는 와중, 피아니스트는 연주를 거부하고 급기야 오케스트라 지휘자는 극도의 긴장을 이기지 못하고 심장마비를 일으킨다. 결국 다른 지휘자를 불러와 대타 지휘를 시키는 소동이 벌어지며 우려곡절의 절정에서야 임무를 완수하고 공연 관계자들은 목숨을 부지한다.

이 장면을 포함한 영화의 초반 10분은 당시 소련에서의 스탈린의 사회적 위치와 그와 그의 권력을 따르던 관료들이 대수롭지 않게 자행했던 극악무도한 만행들을 압축하여 묘사하고 있다. 이렇게 절박한 공포로 인해 벌어지는 영화 속 상황들이 그야말로 웃을 수도 울 수도 없는 이유는 이것이 실제 사건을 바탕으로 한 에피소드이기 때문이다. 결국 이러한 사실 때문에 영화는 블랙코미디(black comedy)의 장르를 띤다. 웃기면서도 슬프고, 한심하면서도 안쓰러운 생각마저 드는, 그리고 마지막에 이르러 이 안타까운 모습이 처연해지기까지 한 것이다. 영화 <스탈린이 죽었다!>에서 느껴지는 복합적인 감정들은 영화를 이끌어가는 재치 있는 방식이다.

음악으로서의 풍자

이 우스꽝스러운 상황 묘사를 재차 비웃음으로 이끄는 것은 바로 음악의 역할이다. 음악은 마치 한 편의 음악극과 같이 영화의 전반에 걸쳐 끊임없이 재생되는데 장엄하고 절도 넘치는 심포니 오케스트라 음악은 당대 러시아에서 활동했던 쇼스타코비치(Dmitrii Shostakovich)*의 오페라를 연상케 하기도 한다. 유럽 음악의 경향을 그대로 흡수했던 초기 시대와는 달리 러시아 혁명과 강력한 사회주의 독재 체제를 겪었던 20세기 음악가들과 그들의 영향을 받은 작곡가의 음악 경향은 알려진 것처럼 매우 호전적이고 당찬 음악이 가

영화 〈스탈린이 죽었다!〉의 한 장면

득하다. 듣기만 해도 가슴 깊은 곳에서 열정과 신념을 차오르게 만드는 러시아의 기세 높은 음악들이 영화의 우스꽝스러운 장면들에 대입되어 우리의 실소를 자아낸다. 더욱이 감독은 영화에 등장하는 스탈린의 측근 즉, 고위관료들의 캐릭터 설명에 느린 모션 촬영으로 집중시키는데 권력의 노예가 된 중년들의 이미지를 강조하며 이들의 행위 위에 장중하고 위엄 있는 러시아의 음악을 얹어 한껏 비웃음을 유발시켰다.

우리에게 생소한 이름인 크리스토퍼 윌리스(Christopher Willis, 1978)는 <스탈린이 죽었다!>의 음악을 담당한 감독이다. 그의 이력을 둘러보면 아마도 이 영화가 TV프로그램이나 애니메이션을 제외한 극장 영화로서의 첫 데뷔 작품인 듯 보인다. 이 낯선 음악감독이 창조한 영화 속 음악은 다분히 러시아적이다. 영화의 대사가 러시아어로 이루어진 것도 아니고 배우들 또한 우리가 할리우드 영화에서 익숙하게 접해오던 배우들이었음에도 영화가 러시아의 이국적인 정서를 한껏 표출할 수 있었던 것은 전적으로 음악의 역량이다. 몹시도 당연하게 러시아 출신의 음악감독을 생각했는데 놀랍게도 크리스토퍼 윌리스는 영국 출신의 젊은 신인 음악감독이었다. 어려서부터 정통 클래식 음악을 공부했던 그는 캠브리지 대학에서 음악 박사학위를 취득한 범상치 않은 음악감독이다. 영화 <스탈린이 죽었다!>가 음악감독으로서의 데뷔작임에도 불구하고 음악을 세련되게 배치하는 방식에서나 러시아 작곡가 스타일의 음악을 완벽히 재현해 낸 작·편곡 테크닉에서 그의 탄탄한 음악적 기반을 확인할 수 있다. 특히 유려한 관악기의 활용이 특징인 러시아 작곡가들의 협주곡들과 영화의 스코어를 비교해 본다면 크리스토퍼 윌리스가 이 영화를 위해 얼마나 신중하게 곡 작업을 진행했고, 장시간의 제작 기간에 심혈을 기울였는지 가늠할 수 있다. 정말이지 오랜만에 가로세로가 꽉 차진 밀도 높은 음악이다.

러시아 음악과 사회주의

모든 음악이 그러하듯 러시아 또한 소비에트 사회주의 공화국과 소련, 그리고 러시아 연방을 이룩하기까지 그들의 음악에 사회정치적인 요소가 개입된다. 영화 <스탈린이 죽었다!>의 스코어가 러시아 음악가 쇼스타코비치의 음악과 크게 닮았음은 그들의 음악이 정치적으로 활용되었던 스탈린 정권 말미의 상황을 충분히 이해했기 때문일 것이다. 반복되는 전쟁과 국가의 정치적 그늘 아래서 활동의 제약을 받던 라흐마니노프, 프로코피예프, 스트라빈스키와 같은 20세기 러시아의 대표 작곡가들은 러시아의 박해를 떠나 유럽으로의 망명의 길을 선택한다. 불우했던 환경 탓이었는지 이들의 음

작곡가 드미트리 쇼스타코비치

악은 혁신적이고 대범했지만 파괴적이다. 그 중에서도 볼셰비키 혁명과 2차 대전, 냉전시대와 스탈린의 체제까지 몸소 경험한 전형적인 전후세대였던 쇼스타코비치는 당시 유럽과 미국에서 힘겹게 음악활동을 이어온 러시아의 대표 작곡가이다. 낯선 나라의 이방인으로서 차별과 음악적 비판을 겪으면서도 철저하게 러시아적 음악을 유지해온 그의 음악은 민족주의 음악으로 대표된다. 조국 러시아와 민중들을 생각하고 애국전쟁에 대한 선전을 음악으로 그려낸 그의 작품들은 1920년대 소련 대중들의 큰 지지를 받는다. 특히 쇼스타코비치의 풍자적 오페라 작품으로 언급되는 「므첸스크의 맥베드 부인」으로 소련 대중들의 찬사와 인정을 얻게 되지만 당국의 비판과

감시의 서막이 된다. 이후 시작된 스탈린의 예술문화의 탄압과 피의 숙청으로 조국과 함께 쇼스타코비치의 창작생활도 점차 파괴되어가고 있었다. 1941년 나의 조국, 자신의 고향을 위한 진혼곡인 교향곡 7번 레닌그라드(Leningrad)를 완성한다. 스탈린 정권에 의해 철저히 붕괴되고 히틀러에 의해 나치의 이름으로 파괴되고 짓밟힌 도시 '레닌그라드'의 상황을 위해 쓰여진 프로파간다(propaganda)적 음악인 것이다. 이 곡은 20여 분가량 이어지는 대규모의 관현악곡이다. 관악기의 사용을 중시하는 쇼스타코비치는 이 곡에서 8대의 호른을 사용하며 영웅적이고 호전적인 진행을 이끌어 간다. 쉼 없이 이어지는 전투적이고도 빠른 패시지의 움직임은 조국 러시아와 민중들의 사기를 충전하고 그들의 마음을 애도하는 통렬한 엔딩으로 마무리된다.

영화내내 흘러나오는 음악은 러시아 사회주의 체제 속에서 피어난 음악들과 매우 닮았다. 심장마비를 일으켜 쓰러진 스탈린을 발견한 각료들은 바닥에 누워 사경을 헤매는 그를 둔 채로 앞날을 모의하기 바빴고, 소변에 젖은 스탈린의 옷이 닿지 않으려고 서로 견제하고 부단히 애를 쓰는 장면들은 권력의 허울을 보여준다. 씁쓸하다 못해 딱하기까지 한 이 장면들과 이어지는 쇼트는 권위가 가득 찬 러시아 양식의 건물과 스탈린의 동상이다. 이 인서트 장면에서 흐르는 4번째 트랙의 음악 'We Cry for You'는 쇼스타코비치의 음악을 그대로 옮겨 놓은 것 같은 관현악 협주곡이다. 금관악기의 주된 사용으로 전투적이면서도 웅장함이 가미된 당대의 음악을 그대로 재현해 놓은 것이다. 국가의 성장을 위해 민중들의 고통을 선택한 스탈린 정권의 최후를 황당한 코미디 형식으로 엮어낸 이 영화의 음악이 매력적인 부분은 바로 이 때문이다. 권력의 탄압으로 당대에 금기시했던 음악을 고스란히 재현하여 영화에 의도적으로 배치해 놓는 자세는 스탈린 정권의 비판과 풍자를 통해 이 영화의 의도를 재확인시켜 주는 방식이다.

*쇼스타코비치(Dmitrii Shostakovich): 20세기 가장 뛰어난 러시아 작곡가 중 한 사람이다. 그의 교향적 작품은 복잡한 구조로 되어 있으며 대규모 오케스트라가 동원되는 것이 특징이다.

윤희에게(Moonlit Winter, 2019) ::
조용하고 고요했던 그 겨울의 피아노

영화 〈윤희에게〉 오프닝

윤희에게.

잘 지내니? 오랫동안 이렇게 물어보고 싶었어.

너는 나를 잊었을 수도 있겠지. 벌써 20년이나 지났으니까

갑자기 너한테 내 소식을 전하고 싶었나봐

살다보면 그럴 때가 있지 않니?

뭐든 더 이상 참을 수 없어질 때가

달리는 기차 안의 풍경으로 영화는 시작한다. 창밖으로 보이는 겨울바다는 거친 파도로 일렁이지만, 그것을 관망하는 기차안의 시선은 꽤나 차분하다. 창문의 프레임 안에 갇혀진 겨울바다의 이미지 위로 영화의 타이틀이 조용히 새겨진다. 이 새겨짐의 의미는 이 영화의 시작이 한 통의 편지로부터 출발함을 암시한다. 일본에서 고모와 함께 거주중인 쥰(나카무라 유코)은 종종 붙이지 못할 편지를 쓴다. 그것은 어린 시절 사랑했던 존재인 윤희(김희애)에게 쓰는 편지이다. 윤희 이후로는 사랑에 대한 감정을 경험하지 못한 쥰을 오래 동안 지켜봐오던 고모(키노 하나)는 어느 날 편지 중 한 개를 우체통에 넣는다. 일본으로부터 도착한 편지를 맨 먼저 받아 본 사람은 뜻밖에도 윤희의 딸 새봄(김소혜)이다. 남편과의 이혼과 삶의 모든 것에 지쳐가는 엄마 윤희를 위로해주고 싶은 새봄은 엄마인 윤희의 황폐해진 삶이 과거에 만난 연인 쥰으로 인함임을 짐작한다. 그리고 자신의 방식대로 엄마 윤희의 문제를 해결해주기 위해 야심찬 계획을 꾸민다. 바로 쥰이 살고 있는 일본 오타루 여행을 통해 쥰과 엄마를 재회시켜주는 기특한 작전인 것이다. 이것으로 첫사랑을 찾아 떠나는 로드무비가 시작된다.

영화의 속도는 매우 느리고 차분하다. 지친 윤희의 삶을 보여주는 걸음걸이는 내내 힘겹고 하루하루의 일상 또한 느리고 반복적이다. 한국에서 윤희의 삶을 보여주는 영화 초반 40분 동안 윤희의 표

영화 〈윤희에게〉의 윤희

정은 내내 건조하게 메말라 있다. 그와 교차로 편집된 일본의 모습은 온통 하얀 눈밭이다. 그리고 낮이든 밤이든 상관없이 천천히 내려앉아 쌓여가는 눈은 영화의 속도와 닮았다. 영화의 또 다른 제목을 <Moonlit Winter>로 걸어 둔 감독의 의도를 생각해 본다면 영화에서 그려가는 조용하고 고요한 겨울 밤, 그리고 그 속에서 그윽하게 밝히는 달빛은 영화가 표방하고 싶은 절대적 이미지인 것이다.

가장 보편되고 오래된 영화의 정서

영화의 가장 보편되고 오래된 정서라면 단연코 '사랑'이 주는 모든 감정이 아닐까? 오랜만에 진부한 사랑 이야기를 담은 영화라고 보여질 수도 있을 것 같다. 영화의 속도는 영화 속에서 내리는 눈처럼 더디고, 영화의 미장센은 처음부터 끝까지 밋밋하기 그지없다. 이 영화를 90년대 일본 '오타루'를 배경으로 제작되었던 멜로영화 <러브레터>(Love Letter, 1995)를 연상케 하는 이유도 바로 이 때문이다. 무려 30년 전 영화와의 비교가 올드한 사랑의 서정성 때문일 수도 있겠지만 결국 어느 예술에서나 사랑이라는 소재는 오래되고 보편적이며 진부하다. 그래서 그것이 가장 사랑다운 사랑의 이야기인 것이다.

영화 <윤희에게>는 일본과 한국에서 살고 있는 윤희와 쥰, 두 여성이 서로에 대한 상실을 간직한 채로 힘겹게 유지해 오던 삶에 사랑의 작은 불씨 하나를 다시 차오르게 만드는 영화이다. 윤희와 쥰의 사랑은 세상의 편견과 잣대로 인해 철저히 묵살되었고 여성 퀴어(Queer)라는 정체성은 급기야 정신병 환자 취급을 받기에 이른다. 이들에게 세상은 잘못된 희생과 강요된 삶을 살도록 요구하였다. 그러나 이들의 영혼을 구한 것은 다름 아닌 또 다른 여성들이다. 영화에서 이들의 관계를 묵살시키고 남성 중심의 이성애적 규범을 강요시키는 남성의 자리는 윤희의 오빠와 남편, 그리고 쥰의 아버지로 표현된다. 그리고 남성인 이들과의 관계는 남편과의 이혼, 오빠와의 심리적 단절 그리고 아버지의 장례를 들어 조용히 서사에서 삭제시킨다. 그리고 그녀들의 유토피아를 실현시키는 것은 바로 이들과 긴밀히 연대되어 있는 또 다른 두 명의 여성이다. 심원하고도 은은하게 퍼지는 사랑의 모습은 그 어떤 사랑의 형체보다 깊고 고결하다.

> *우리 고모 알지? 너한테 자주 말하곤 했던 마사코 고모.*
> *나는 고모와 함께 오타루에 살고 있어.*
> *고모는 겨울의 오타루와 잘 어울리는 사람이야.*
> *겨울의 오타루는 눈과 달, 밤과 고요뿐이야.*
> *가끔 그런 생각을 해. 여기는 너와도 잘 어울리는 곳이라고,*
> *너도 마사코 고모와 나처럼 분명 이곳을 좋아할 거라고.*

영화는 첫사랑과의 재회라는 사건 하나만을 위해 끊임없이 달려간다. 영화의 대부분은 윤희와 쥰의 개별 상황에 대한 서사이며 그들의 재회는 영화가 끝나기 20분가량을 남겨두고서야 겨우 이루어진다. 그리고 그마저도 달려온 시간에 비하면 너무나도 찰나의 순간이다. 그럼에도 그녀들의 재회에는 결코 소란함이 없다. 20년이라는 세월의 흐름이 담긴 서로의 얼굴을 담담하게 응시했고 함께 느리게 걸으며 조용히 이야기를 나누었다. 이것은 쥰이 이야기 했던 오타루와 닮은 시간이었다. 모든 영화의 순간은 이렇게 고요하고 흘러간다.

"한겨울의 피아노"

영화 <윤희에게>의 모든 스코어들은 그녀들의 모습과 감정, 그리고 내면의 심리까지 섬세하게 스케치하고 있다. 윤희와 쥰의 편지를 포함한 24개의 사운드트랙은 비록 느슨하게 흘러가지만 소박하고 그윽한 정서가 몹시도 그녀들과 닮았다. 이 사운드트랙을 이미지 없이 오롯이 음악만을 감상해 보니, 음악으로 화면을 그대로 옮겨놓은 것 같은 느낌이다. 음악이 바로 영화 그 자체이다.

음악의 대부분은 피아노와 현악기로 편곡되어 있지만, 주력악기는 피아노이다. 공교롭게도 비슷한 소재의 퀴어 영화 <콜 미 바이 유어 네임>에서 쓰인 피아노의 음악과 대조적인 부분을 생각해 볼 만하다. 이 두 영화에서 나타난 성별의 대비는 물론, 여름과 겨울이라는 계절의 대비와 사랑의 이미지 또는 함의에 대한 대비, 그리고 음악의 전반적인 스타일에 대한 비교는 꽤나 흥미로운 부분이다.

그럼에도 불구하고 두 영화의 음악에서 동일하게 활용된 피아노가 한 영화에서는 한여름 뜨거운 사랑의 열정을 표현하는 밝고 에너지 가득한 연주가 되었다면, 또 다른 한 영화에서는 평화롭고 잔잔한 겨울의 잔상을 가득 담은 연주로 표현되었다는 것은 무엇을 어떻게 표현하더라도 모든 것이 가능한 이 피아노라는 음색이 주는 신비로움이다.

오프닝과 함께 시작하는 음악은 첫 번째 트랙인 '윤희에게'이다. 기차의 사운드와 함께 기차 밖 풍경이 흘러가고, 음악은 기차의 흐름을 따라 연속적인 음형을 유지한다. 음악의 전반적인 템포는 느리게 구성되어 있다. 하지만 그 가운데 부지런히 움직이는 왼손 반주의 패턴으로 음악은 적당한 속도감을 준다. 그리고 이 아르페지오로 이루어진 전주(intro)의 속도감은 기차의 방향성과 절묘하게 어우러지며 오프닝 신(scene) 전체를 지배한다. 곧이어 피아노의 연주 위에 바이올린의 주선율이 쌓여지고 본격적인 A 파트가 진행된다. 바이올린의 음색은 날카롭지만 선명하다. 그러나 바이올린의 선율은 피아노와는 대조적인 움직임을 보이며 조화를 이룬다. 피아노의 아르페지오 화음과는 달리 바이올린은 길게 유지되는 지속음을 사용하여 음악을 전체적으로 감싸 앉는 형태이다. B 파트에 이르러 바이올린의 화음이 추가적으로 배치되고 멜로디는 이전보다 상승되며 음악의 정서는 한층 고조된다. 고조된 음악은 정점에 이르러 다시 A 파트의 주제 모티브를 연주한다. 그러나 다시 제시된 주제선율은 A 파트에서 처음 나타났던 화성진행과는 달리 한층 더 밝고 기대에 찬 느낌의 화성으로 변주된다. 그리고 음악은 이 정서를 유지하며 천천히 마무리된다. 사실 이 영화의 타이틀곡은 열한 번째 트랙인 '보고 싶은 날'이다. 그러나 영화의 기승전결을 가장 선명하게 담아내는 음악은 바로 이 첫 번째 트랙인 '윤희에게'이다. 영화 속에서 그려진 윤희의 내면과 그녀의 침체된 삶 속에서 우연히 출발하게 된 오타루 여행은 그녀 자신과 그녀의 삶을 되찾는 계기가 되는 사건이었다. 오타루에서 쥰과의 재회 그리고 돌아온 한국에서의 삶은 더 이상 이전의 죽어있던 삶이 아니다. 윤희는 그녀 자신이 생각하는 여분의 삶에서 스스로를 해방시키는 용기를 얻었던 것이다. 결국 첫 번째 스코어인 '윤희에게'는 영화 전체를 1분 40초로 압축해낸 영화의 표본이 된다.

쥰에게,

잘 지내니? 나 편지를 받자마자 너한테 답장을 쓰는 거야.

나 역시 가끔 네 생각이 났고, 네 소식이 궁금했어.

너와 만났던 시절에 나는 진정한 행복을 느꼈어.

그렇게 충만했던 시절은 또 오지 못할 거야.

모든 게 믿을 수 없을 만큼 오래전 일이 되어 버렸네.

준아. 나는 나한테 주어진 여분의 삶이 벌이라고 생각했어.

그래서 그동안 스스로에게 벌을 주면서 살았던 것 같아.

너한테 이 편지를 붙일 수 있을지 모르겠다.

나한테 그런 용기가 있다면 얼마나 좋을까.

용기를 내고 싶어.

p.s. 나도 네 꿈을 꿔.

영화 속 대부분의 음악은 앞서 장황히 늘어놓았던 곡 '윤희에게'와 그 결이 같다. 피아노의 반복적인 반주 패턴 위에 현악기의 멜로디를 단순하게 반복되고 있는 화성의 진행을 따라 움직이게 만드는 형식은 이 영화를 위해 쓰여진 음악의 전형적인 모습이다. 그렇다고 이 음악들을 필립 글래스(Philip Glass)나 루도비코 에이나우디(Ludovico Einaudi) 또는 막스 리히터(Max Richter)가 표방하는 미니멀 음악으로 쉽게 규정할 수는 없을 듯하다. 영화 속 스코어들은 미니멀 음악과는 조금은 다른 절제된 멜로디의 노래가 있고 그것은 윤희와 준의 사랑의 모습과 같이 정제된 분위기일 뿐이다. 소복하게 쌓인 눈과 같은 차분함과 겨울밤의 고요한 정취 그리고 결코 소란하지 않은 사람들의 잔잔한 사랑 이야기. 그 정서가 음악 안에 고스란히 스며져 있을 뿐이었다. 겨울의 잔상이 오래가는 영화, 그리고 계절과 함께 기억되는 음악이 될 것 같다.

헤어질 결심(Decision To Leave, 2022) ::
음악으로 그려내는 멜로

푸른빛의 멜로

박찬욱 영화감독이 그리는 멜로영화는 과연 어떤 방식일까? 그가 그려온 전작들을 바탕으로 자연스레 붉은색이 짙은, 농밀하고 때로는 처참하기까지 한 멜로를 그렸을거라 상상했다. 그러나 영화 <헤어질 결심>은 푸른색의 사랑이다. 푸른빛의 차분하고도 고혹적인, 그러나 차마 완성되지 못한 한편의 그림과 같은 느낌을 자아낸다. 사건의 시작은 기도수(유승목 분)의 의문사로 시작된다. 산 정상에서 추락한 기도수는 여러 가지 의문을 남긴 채 사망을 한다. 부산 경찰서 팀장인 해준(박해일 분)은 기도수의 중국인 아내 서래(탕웨

이 분)를 만나 정해진 프로세스에 따른 피의자 심문을 하게 되며, 피의자인 서래를 조사하는 과정은 곧 그녀에 대한 호기심과 애정으로 발전하게 된다. 피의자로 의심받는, 그렇지만 매력적인 외모를 지녀 담당형사에게 의심과 사랑을 동시에 받는 이 고전적인 스토리를 진부하지 않게 만든 것은 박찬욱 감독의 노련함에서 비롯된다. 극중 어떠한 장면에서도 해준은 서래에게 호감을 노골적으로 표현하지 않으며 그녀의 사랑을 쟁취하기 위해 애쓰지 않는다. 심지어 서래는 팜므파탈을 주도하지도 않는다. 피의자 조사 중 식사로 주문

영화 〈헤어질 결심〉의 서래

한 고급 스시 세트를 함께 먹고 조사실 책상을 태연스럽게 정리하는 두 사람의 모습은 마치 오랜 부부 같은 착각을 던져준다. 그저 이 둘은 여러 가지를 부연하지 않아도 서로에 대한 유대를 이미 느낄 수 있는 같은 갈래의 인간임을 표현하는 것이 박찬욱 감독이 그리고자 하는 이들의 세련된 사랑의 이미지라 볼 수 있다.

영화 초반부의 음악들은 시종일관 미스테리하고 멜랑꼴리하게 흘러간다. 영화 <헤어질 결심>의 음악감독 조영욱은 이미 박찬욱 감독의 수많은 전작들을 함께 하였고, 박찬욱 감독이 영화에서 표현하고자 하는 그만의 독특한 무드를 음악으로 보조하고 때로는 극대화한다. 조영욱 음악감독은 자신만의 음악적 컬러가 분명하다. 슬프지만 아름다운 선율적인 음악으로, 따뜻하지만 때로는 서늘하게 그리고 다정한 듯하나 한없이 냉정한 음악을 선보인다. 이렇게 다소 모순적인 음악과 더불어 박찬욱 감독의 독특한 영화적 세계관이 만나 무수한 걸작이 탄생되었다.

조영욱 음악감독의 기존 작품들은 그야말로 음악적이다. 음악다운 음악, 영화음악으로서의 기능을 완벽히 수행한다. 화려하게 펼쳐지는 쇼스타코비의 왈츠 선율 속에서 잔인한 복수를 완성해 가는 오대수(최민식 분)를 그려냈던 영화 <올드보이>와, 동양적 미와 히데코(김민희 분)의 고혹적 분위기를 아름다운 화성과 선율로 표현하여 영화의 영상미를 살려냈던 영화 <아가씨>의 음악은 조영욱 음악감독만의 색채가 가득했다. 그러나 영화 <헤어질 결심>에서는 기존의 양식과 철저히 반한다. 유려한 멜로디의 움직임은 거의 사라졌고, 풍부한 화성적 채움들은 단촐해졌다. 반복되는 리듬으로 음악을 단순하게 사용하는 대신 현악기의 다양한 주법과 타악기의 사용을 통해 음악을 전보다 더욱 음향적으로 활용하려 했던 조영욱 음악감독의 노력이 보인다. 이러한 음악의 변화는 해준과 서래의 장면에 주로 삽입되어 신비롭게 다가오는 서래에 대한 마음을 표현하기에 적합하다.

보이는 안개, 들리는 안개

해준은 서래에 대한 의심과 호기심을 내려 놓지 못하고, 서래를 줄곧 감시하고 미행한다. 그러나 이것의 본질은 서래에 대한 애정이다. 자신을 분명히 드러내지 않지만 애써 속이려 들거나 포장하지 않는 서래는 해준에게 베일 속 여자이다. 그런 서래를 바라보는 해준의 마음은 사건에 대한 지나친 관심과 서래라는 인물에 대한 애정의 그 경계선에서 갈팡질팡한다. 이러한 모호함 속에서 영화는 해준과 서래의 사랑이 시작됨을 과감히 생략하지만 그들의 불가능한 사랑을 연속시킨다. 서래가 요양보호사로 보살피는 할머니의 집에서 처음 등장한 영화의 테마곡 정훈희의 '안개'는 일차적으로는 영화적 분위기를 끌어안는다. 이 곡은 전형적인 한국의 성인가요, 소위 말하는 트로트 리듬 기반에 브라스 밴드의 화려한 연주로 시작되는데, 트로트라는 장르가 지닌 한국만의 독특한 정체성을 부여하며 할머니의 오래된 집안 내부와 분위기를 조화롭게 만드는 역할을 한다. 전주가 끝나고 흘러나오는 정훈희의 보이스는 트로트라는 음악의 장르에서 절대시하는 특별한 기교나 보컬적 기교가 없다. 오히려 목소리에는 다소 수줍음이 묻어있고 보컬은 테크닉적으로도 꽤나 간결한 편이다. 그러나 정훈희 특유의 허스키한 음색은 '안개'라는 음악을 더욱 밀도있게 만들어 주며, 다른 데서 경험할 수 없는 정중한 여성미가 가득하다.

또한 이 곡의 매력을 이끄는 부분이라고 할 수 있는 것이 바로 선율의 도약이다. 보통 노래를 부르기 위한 선율의 작법으로 볼 때, 음의 2도 내외의 근접이동은 안정감을 유발하며 4도 이상의 도약이동은 기억에 남는 매력적인 선율 진행을 유도한다. 이에 통상적으로 음악의 첫 파트는 안정감 있는 근접이동으로 멜로디를 순차적으로 진행하여 음악의 동기적 발전을 유도하고, 후렴구의 멜로디 라인에서 매력적인 도약을 시도하며 귀에 꽂히는 후렴구를 만들어 내는 것이 노래를 위한 일반적인 선율의 작법인 것이다. 그러나 정훈희의 '안개'에서는 노래의 첫 구절부터 무려 6도의 음정 도약을 사용하고 심지어 세 차례에 걸쳐 반복을 하며 음악의 메인 모티브를 발전시켜 나가는 것은 이례적이다. 이 과감한 선율 진행은 노래의 서정미를 담아내며 정훈희의 허스키한 보이스와 어우러져 트로트 음악 고유의 한국적 정서와 한을 담아내고 있다.

  이후 영화에서 여러 번 반복되는 음악은 주로 서래와 함께 등장한다. 박찬욱 감독이 이 곡을 들으며 시나리오를 썼다는 이야기가 있을 정도로 안개는 이 영화에서 그리고 서래에게 중요한 모티브로 작용한다. 서래는 안개를 좋아하는 사람이고 해준에게 서래는 안개와 같은 여자이다. 해준과 서래의 모호하고 희미한 사랑을 은유하기도 하지만 사실 그보다 더 정확한 것은 해준이 바라보는 서래에 대한 은유일 것이다. 누구에게나 한없이 선한 이 서래라는 여성이 과연 남편을 이토록 치밀한 계획으로 살해할 수 있는 건지. 살해한 건 맞는 건지. 그리고 무엇보다 해준 본인을 사랑하는 건지. 완벽한 범행을 위해 철저하게 이용하는 건 아닌지. 서래는 해준에게 모든 것이 또렷하지 않은 안갯속에 갇힌 여자이다. 정훈희의 '안개'는 이처럼 들리는 안개와 보이는 안개의 모든 것을 담당하고 있다. 영화에서 유일하게 음악만이 담당할 수 있는 영역이 아닐까?

수평선 위로 흐르는 아다지에토

영화 <헤어질 결심>의 제2의 메인테마와 같은 역할을 하는 것이 바로 구스타프 말러(Gustav Mahler)의 교향곡 5번 4악장 아다지에토(adagietto)이다. 아다지에토는 아다지오(adagio)의 느리고 평온한 연주에서 약간의 속도를 더 내는 빠르기의 용어지만, 말러는 그것을 제목 그대로 사용했다.

사실, 말러의 아다지에토는 영화를 비롯한 많은 영상에서 가장

작곡가 구스타프 말러

사랑하는 클래식 음악 중의 하나일 것이다. 현악 5중주의 편성과 함께 흘러나오는 하프(Harp)의 깊은 공명은 음악을 경험하는 청자에게 다양한 심상을 제공한다. 낭만주의 시대의 음악들이 그러하겠거니 하지만 말러의 아다지에토는 여러 갈래의 분위기가 복합적으로 묘사되는 독특한 곡 중의 하나이다. 전체적인 곡의 느낌은 감미로운 분위기를 자아내지만 선율에서 느껴지는 슬픔과 번뇌가 있으며 조성의 변화를 통해 기쁨과 환희가 들어찬다. 이렇게 다방면으로 묘사된 음악이기에 여러 영상에서 빈번히 소비되었을 것이다.

클래식 애호가로 소문난 박찬욱 감독과 그런 그의 영화적 상상을 음악으로 가장 잘 표현한다는 조영욱 음악감독이 이 영화를 위해 선곡한 음악이라면 과연 어떠한 이미지를 창출하기 위함이었을지 몹시 궁금하다.

서래의 수사를 진행하며 그녀를 면밀히 관찰하던 해준은 더 이상 서래에 대한 자신의 감정을 숨기지 않는다. 그리고 서래와 해준은 서로의 방식대로 사랑을 표현한다. 그 사이 서래의 수사는 종결되었고, 해준은 우연히 방문한 서래의 일터에서 그동안의 수사를 뒤엎을 만한 증거를 발견한다. 결국 기도수 사망사건은 서래의 철저한 계획에 따라 진행되었음을 알게 되고, 해준은 그동안 자신과 서래의 모든 감정을 외면당한 채 철저히 붕괴되고야 만다. 모든 것을 알아차린 해준은 서래에게 범행에 쓰인 핸드폰을 깊은 바다에

던져 버리라는 말을 한다. 사실상 그들의 관계에 대한 종결의 언어이다. 그러나 서래는 그 순간 해준에게서 명백한 사랑의 감정을 느낀다. 이 장면에서 함께 흘러나오는 아다지에토는 그녀가 안고 있는 비극적 사랑이다.

"당신이 사랑한다고 말할 때 당신의 사랑이 끝났고,

당신의 사랑이 끝났을 때, 내 사랑이 시작되었다."

말러의 아다지에토는 현악기들의 중첩된 사운드로 공간을 메꾸고, 그 속에서 자유로운 선율을 그리며 낭만주의의 절정을 보여준다. 서로에 대한 불완전한 믿음이 마침내 진실이 되어버린 이 순간 아이러니하게도 음악은 낭만을 그려내는 것이다. 그리고 사랑의 종결과 시작을 음악으로 연속시킨다.

문득 아다지에토의 악보 첫머리에 쓰여진 지시어가 생각이 난다. espress. '감정을 풍부하게'라는 연주 용어이다. 거대한 오케스트레이션을 꾸리며 웅장한 교향곡을 선호하던 말러가 모든 관악기를 배제하고 오로지 현악의 구성만으로 풍부하게 그려낸 감정은 사랑이었다. 바다를 닮은 해준을 사랑했던 서래. 말러의 음악은 수평선 위에 펼쳐진 서래의 사랑과 맞닿아 있다.

조커(Joker, 2019) :: 심연 속의 첼로

대중들이 지나치게 열광하는 빌런 중의 빌런, '조커'의 솔로무비이다. 악당 캐릭터 사이에서도 마니아층이 두터운 조커의 캐릭터는 <다크 나이트>(The Dark Knight, 2008) 이후 이렇다 할 등장이 없었던 것이 사실이다. 조커의 캐릭터에 갈증을 느끼던 관객들은 이후 <수어사이드 스쿼드>(Suicide Squad, 2016) 정도에 겨우 목만 축일 정도였으니 <조커>(Joker, 2019)의 개봉에 대한 기대는 상당했다. 더욱이 DC 코믹스에서 제작해 낸 유일한 솔로무비라는 점에서 그 기대는 차고 넘친다. 그러나 이 영화는 단순 히어로 무비로 인식하기에는 무언가 애매하다. 일단 조커라는 인물이 고차원적 능력을 지닌 슈퍼히어로가 아니며, 그렇다고 해서 배트맨의 숙적이 되어 강력한 악당의 퍼포먼스를 보여주는 것도 아니었으니 말이다. 오히려 지나친 사회적 문제와 심리적 문제들을 배치하여 영화는 한없이 어둡고 무거운 장르가 되어 DC코믹스의 핏줄을 벗어난다. 이 뒤틀리고 기이한 영화가 그럼에도 우리의 이목을 집중시키는 것은 배우의 힘이 아닐 수 없다. 조커의 대명사인 히스 레저(Heath Andrew Ledger, 1979-2008)를 앞세우고 아서 플렉을 연기한 호아킨 피닉스(Joaquin Phoenix, 1974)의 마음의 무게가 결코 가볍지 않았을 일이지만, 영화 <조커>를 보고난 이후 관객들은 조커의 이미지를 떠올리는 순간 아마도 많은 부분 춤을 추는 아서의 모습을 상상할 것 같다.

상승과 하강의 이미지

앞서 언급한 바와 같이, 영화를 보고 난 뒤 각인된 몇몇의 장면들을 떠올려 보면 단연코 춤추는 아서의 이미지가 생각난다. 이 영화가 빌런으로서의 성장기(?)를 그려낸 영화라면 아서의 댄스는 악행으로 점철되는 일종의 세레모니와 같은 기능을 가진다. 그가 자아낸 여러 차례의 살인사건들이 종료되는 지점에는 반드시 근거 없는 춤사위가 이어진다. 특히 영화 <조커>의 패러디에서 가장 흔히 등장하는 계단 위의 댄스 장면은 조커로서의 재탄생을 에둘러 표현하며 이 영화의 상징이 되었다. 이 장면은 형형색색의 의상과 과장된 분장만으로도 충분히 강렬하지만 앞뒤로 연결되는 인과적 흐름은 장면 속의 묘한 쾌감을 남기기도 한다. 계단 위를 무대로 여기며 자신을 전시하고 있는 조커에게 더 이상 이 계단은 암흑한 삶으로 걸어 들어가는 경로가 아니다. 계단은 그가 가야할 방향을 제시하고 그의 유토피아가 준비되어 있는 완벽한 통로로서 진화하고 영화의 상징처럼 사용된다.

이처럼 영화의 상징이 된 계단은 상승과 하강의 이미지를 동시에 나타내며 주인공이 처한 외부 현실에서의 상황과 그 속에서의 처지를 다룬다. 영화 초반 아서 앞에 나타난 계단은 어둡고 장대하다. 아서는 그 어둠 속으로 뻗어있는 기나긴 계단을 힘겹게 오른다.

영화 〈조커〉의 아서 플렉

그러나 그 어둠의 끝은 계급사회의 끝자락에 있는 허름한 안식처와 노쇠한 어머니가 기다리고 있다. 이러한 삶 속에서 그가 살아갈 수 있는 유일한 방어기제는 그의 망상뿐이다.

  영화는 의도적인 이유에서인지 계단 위 아서의 장면을 주기적으로 담아내고, 이 장면과 함께 배치된 음악은 장면의 반복에 의해 자연스레 테마로서의 기능을 갖는다. 영화의 초반부, 아서가 알 수 없는 십대들에게 폭행을 당하고 집으로 돌아오던 그 계단에서의 음악은 한없이 느리고 암울하다. 음악에서 대부분의 지분을 차지하고 있는 첼로 독주는 특히 아서의 심리 상태와 같은 그의 내면 의식과 함께 따라간다. 그렇기 때문에 음악감독은 이 장면의 음악에서 감히 드라마틱하게 발전하는 음악적 멜로디를 기대하기란 어려웠을 것이다. 음악은 전체적으로 마이너의 조성을 유지하며 느린 보폭으로 긴장감을 재생한다. 현악 파트의 저음 악기인 첼로를 사용하면서도 첼로가 연주할 수 있는 최저 음역대만을 활용하며 음악을 끌어내린다. 그리고 음악과 함께 아서를 계속해서 깊은 심부(深部)로 잠식시켜 버린다. 첼로가 연주하고 있는 선율은 화성을 구성하는 두세 개의 음정이 전부이다. 가령, D 마이너의 화성이 진행되는 마디에서 멜로디는 단순히 '레'와 '파'를 오가며 주저할 뿐이다. 일반적인 음악에서 멜로디의 진행이 클라이맥스라는 목적성을 가지고 도약의 발전을 이루어가는 것이라면, 이 테마에서의 음악은 목적

없는 제자리걸음이며, 상승에 대한 제약이다. 그러다 보니 아서와 함께 등장하는 여러 곡들은 멜로디를 부진하게 이끌며 음악적 완성을 미루고 있다. 13번째 트랙인 'Bathroom Dance'는 아서의 메인테마로 쓰이며 전적으로 아서의 심리상태를 표현하는 데 쓰인다. 이 곡이 처음 쓰인 장면은 아서가 버스를 타고 집으로 돌아오는 장면이다. 그가 속한 모든 곳에서 한결같은 무례함을 겪고 집으로 돌아오는 길에서 음악은 아서의 마음을 대변한다. 그리고 어김없이 나타나는 계단에서 힘겨운 발걸음을 떼지만 음악은 그러한 아서를 끌어내리듯 여전히 제자리에 머무는 첼로의 멜로디만 연주된다. 그렇게 흐르던 이 곡은 아서가 의도치 않았던 첫 살인을 경험한 후 화장실에서 춤을 추는 장면에서 빛을 발한다. 느리지만 세세하게 연결되는 몸의 움직임은 마치 첼로의 멜로디를 온몸으로 그려내는 듯하다. 더욱이 낡고 불결하기 그지없는 화장실 안에서 깜빡거리는 전등은 아서의 움직임을 더욱 그로테스크하게 표현한다. 이러한 기괴스러운 형상은 아서의 오래된 병에서 시작된 그만의 표정, 가령 웃고 있지만 슬픈 또는 이로써 고통스럽게 웃을 수밖에 없는 병증의 상황과 기쁨이나 행복이라고는 찾아볼 수 없는 삶 속에서 아이러니하게도 광대의 직업을 가지고 코미디언을 꿈꾸고 있는 아서의 이러한 상황이 복합되어 이 장면의 그로테스크함을 가중시킨다.

아서에서 조커로 발전되는 라이트모티브

　결국 사회에서 소외되고 존재감 없이 살아가던 아서라는 인물이 조커라는 악당으로 완성되어 가는 과정을 그린 영화로 볼 수 있다. 아서는 마치 운명에 이끌리듯 악마적 정체성을 받아들이게 되며, 그가 자신에게 주어진 운명과 마주한 모든 현실을 받아내는 순간, 그가 대중들에게 그토록 바라던 관심이 주어진다. 결국 영화는 조커로서의 재탄생을 개시하는 일종의 신호탄으로 결말을 맺고 있다.

　음악은 시종일관 어둡고 침체된 상태로 시작부터 끝까지 아서와 조커의 테마로서 기능을 유지한다. 음악을 담당한 힐더 구드나도티르(Hildur Guonadottir, 1982)는 첼로 연주자로도 알려져 있다. 영화 <조커>의 음악을 담당하며 자신의 주력 악기인 첼로를 통해 영화적 색채와 캐릭터의 심리표현을 음악으로 묘사하였는데, 이는 꽤나 절묘한 조화였다. 그녀의 음악은 이미 발매된 앨범에서 확인할 수 있듯이 화성적인 진행이 풍부하거나, 유려한 첼로의 연주 테크닉이 있는 음악들과는 거리가 있다. 그녀의 음악 스타일은 영화 작품을 제외한 그녀의 개인 앨범에서 확연히 드러난다. 첫 번째 데뷔 앨범이었던 『Mount A』(2006)의 메시지처럼 그녀가 추구하는 음악은 다소 실험적이고 난해하다. 프레이즈의 반복과 단순한 구성을 추구하며 미니멀리즘 장르를 표방하는 듯 보이는 그녀의 음악은 어쩌면 <조

커>의 사운드트랙에서 보여준 분위기와 꽤 닮아있다. 그중 9번째 트랙인 'Reflection'은 깊은 저음부의 첼로의 연주와 한없이 길어지는 멜로디의 음가들 그리고 음악의 공간을 감싸고 있는 음향 사운드를 통해 그녀가 추구하는 음악 스타일을 확실히 경험할 수 있는 트랙이며, <조커>의 음악을 연상케 하는 특유한 음울의 분위기를 한껏 느낄 수 있다.

이 감각적이면서도 진보적이기까지 한 젊은 여성 음악감독이 영화에서 주로 사용한 영화음악 기법은 의외의 방식이다. 그녀는 할리우드 영화의 고전 방식인 유도동기, 라이트모티브(Leitmotif)를 적극 활용하여 주인공의 심리와 의식을 묘사하였다. 이 오래된 영화음악의 방식은 할리우드 스튜디오 시스템 방식으로 영화의 대량 생산이 이루어지던 시기의 대표적 영화음악가 막스 슈타이너(Max Steiner, 1888-1971), 에리히 콘골트(Erich Korngold, 1897-1957) 등에 의해 발전되어 존 윌리엄스(John Towner Williams, 1932)에 의해 정립되었다. 할리우드 영화음악의 살아있는 대부인 '존 윌리엄스'는 바그너(Richard Wagner, 1813~1883)의 음악극에 사용되던 라이트모티브를 영화에 적극 차용하였고, 이후 라이트모티브는 영화음악 기법의 한 종류로 자리잡으며 할리우드 영화음악의 고정된 방식으로 인식되기 시작한다. 이후, 영화음악의 라이트모티브를 대표하는 인물은 곧 '존 윌리엄스'가 되며, 대부분의 작품에서 음악으로서 캐릭터를 묘사하는 테마를 붙여 캐릭터의 등장과 성격, 깊게는 감정의 변화에 이르기까지 영화의 서사와 함께 음악의 내러티브를 이어가는 방식을 구사한다. 영화음악의 이러한 방식은 관객들에게 청각적 각인을 유발시키며 영화를 이해하고 몰입하는데 중요한 수단이 된다.

존 윌리엄스의 2005년 작품인 영화 <게이샤의 추억>(Memoirs Of A Geisha)에서 그는 라이트모티브 방식을 활용하여 완벽에 가까운 영화음악의 내러티브를 만들었다. <게이샤의 추억>에서 음악은 주인공의 스토리에 집중하고 있다. 이 영화는 주인공 사유리(장쯔이)의 일대기를 그린 성장영화이다. 주인공 사유리는 어린 시절 가난 때문에 게이샤를 양성시켜 돈을 버는 수단으로 이용하는 게이샤의 집으로 들어가게 된다. 사유리는 게이샤의 집에서 허드렛일을 하는 소녀였지만 그가 가진 신비하고 수려한 외모에서 사유리가 머지않아 게이샤가 되는 운명에 이르게 될 것이라고 짐작하게 된다. '사유리의 테마(Sayuri's Theme)'는 이처럼 어린 시절 사유리의 모습을 시작으로 주인공이 성장해 가는 과정에 따라 악기의 편성을 확대하거나 음악을 확장하여 발전시키는 방식을 택하고 있다. 사유리의 어린 시절과 함께 등장하는 음악은 소규모로 편성된 메인 테마의 곡이다. 메인 테마로 반복되는 멜로디를 목관악기의 독주로 연주를 하며 아직 성장하지 못한 작고 여린 사유리를 묘사한다. 사유리가 게이샤의 기예와 전통을 익히며 성장을 해가는 과정에 따라 음악은 한층 더 풍성해지고 본격적인 게이샤의 데뷔를 앞둔 장면에서는 현악기의 선율을 사용하여 화려하게 보여준다. 그리고 대규모 오케스트라의 편성을 통해 게이샤로서의 성장에 정점을 찍는다. 영화 <조커>에서 표현된 음악의 내러티브와 매우 닮아있는 부분이 바로 이러한 점이다. 영화 <조커>에서 펼쳐진 음악의 서사 방식은 <게이샤의 추억>에서 설명한 것과 같이 주인공의 내면의식이 강하게 상징된 테마음악들의 발전이다. 음악은 아서의 심리적 상황을 반영하여 매우 밀접하게 움직인다. 영화 초반부의 아서는 반사회적 인격 장애를 지녔지만 평범하게 살기 위해서 발버둥치는 그의 노력과는 별개로 사회는 지속적으로 고립시키고 외면하며 아서를 고통 속에 가둔다. 이 초라한 주인공의 모습을 첼로의 단선율이 어두운 내면과 함께 그를 더욱 보잘 것 없게 만든다. 그러나 아서가 빌런으로 성장해 가면 음악은 마치 미비한 구석을 채워 나가려는 듯 계속적으로 확장한다. 그리고 거대하게 완성된 음악은 '아서'에서 '조커'로서의 점진적 진화를 보여주며 주인공과 일체감을 형성한다.

라이트모티브가 할리우드의 전형적인 음악 스타일이라는 인식과 보수적이고 진부하다는 이유로 최근 영화음악의 사조에서 발견하기 어려웠던 부분을 생각해 보면, <조커>의 음악은 반가움이 크다. 그리고 영화적 유사성과 동질성이 기반이 된 유기적인 음악을 만든다는 것이야 말로 영화음악의 성역에 도달하는 일이 아닐까.

업(Up, 2009) :: 음악의 변주(Variation)

 수십 개, 아니 수백 개의 풍선을 내 몸에 감으면 혹시 하늘을 날 수도 있지 않을까? 이러한 상상력이 단순히 허무맹랑한 공상이 아닌 기발하고 창의적인 애니메이션의 시작이라는 것을 실감하게 해 준 <업>(Up)은 2009년에 개봉한 픽사(Pixar Animation Studios)의 애니메이션이다. 픽사의 애니메이션에 흔히 붙는 '어른들을 위한'이라는 수식어에 어울리는 몇몇 작품들 중 하나가 바로 이 작품일 것이다. 애니메이션 장르에서 80세가 넘은 노령의 할아버지를 전면에 둔다는 선택은 웬만한 자신감이 아니고는 힘든 일이다. 더욱이 그 할아버지의 네모난 얼굴과 네모난 안경 속의 짓궂은 표정은 애니메이션 장르에서는 그다지 매력적인 캐릭터는 아니다. 그럼에도 <업>에서 표현한 상상 속 이미지의 체험은 결론적으로 아이들 관객의 호기심과 어른 관객의 감동을 둘 다 얻어 픽사가 추구하는 모토를 그대로 담아내었다.

이야기의 시작은 네모난 얼굴의 칼 할아버지와 그의 부인 엘리의 어린 시절로부터 시작한다. 모험심이 많은 말괄량이 엘리와 그에 반해 수줍음이 많은 칼은 모험과 도전을 사랑하는 아이들이었다. 이들이 동경하던 모험가 찰스 먼츠의 다큐멘터리를 보고 칼과 엘리는 먼 훗날 남미의 파라다이스 폭포에 갈 것을 약속한다. 이 둘은 함께 성장하며 결혼을 해 부부가 되었고, 많은 시간이 흘러 부인 엘리는 먼저 칼의 곁을 떠나게 된다. 홀로 남은 칼은 어린 시절 엘리와 약속했던 파라다이스 폭포를 떠올린다. 그리고 떠난 엘리의 꿈을 실현시켜주기 위해 그들의 모든 것이 담겨있는 집을 통째로 풍선에 엮어 파라다이스 폭포로 출발한다. 그러나 그 여행에는 초대하지 않은 손님 러셀이 함께했다. 러셀은 이웃에 살고 있는 8살의 자칭 꼬마 모험가이다. 러셀은 칼 할아버지의 떠다니는 집에 무임승차를 하게 되고, 이로써 이들의 기상천외한 모험이 시작된다.

색색 가지 풍선에 매달려 파란 하늘에 떠다니는 영화의 한 장면이 말도 안 되는 상상이라며 코웃음을 치지만 이미 마음으로는 할아버지의 집에 올라타 함께 하늘을 날고 있는 이 기분이야말로 픽사가 우리에게 이끌어내는 동심이다. 과학적 지식과 상식을 모두 내려놓고 영화의 이야기를 따라가다 보면 어느덧 영화는 우리의 마음 안에 있다.

4분 11초의 변주곡

영화 속에 활용된 훌륭한 몽타주(montage)* 장면을 설명할 때 흔히 등장하는 장면이 바로 애니메이션 <업>의 오프닝 시퀀스이다. 칼과 엘리의 어린 시절의 만남으로 시작하는 영화는 그들이 성인이 되어 결혼을 하고 부인 엘리가 병들어 세상을 떠나는 날까지 일련의 사건들을 몽타주 형식으로 연결해 놓았다. 칼과 엘리의 인생이 말 그대로 파노라마처럼 지나가는 4분이다. 인생을 통째로 압축해 놓기에 4분이라는 시간은 찰나의 순간이지만 여러 애니메이션 중 이렇게 짧은 시간으로 최루적인 장면을 만들었던 영화는 없었다.

대사 없이 흘러가는 이 몽타주 장면에서 대사를 대신하는 것은 음악이다. 애니메이션의 음악은 다른 영화 장르와 비교해 많은 부분 캐릭터의 감정이나 처한 상황을 음악으로 묘사하는데 주력한다. 이것은 아마도 주요 고객인 아이들을 위한 배려로, 음악이 영화의 설명을 부연하기 위한 보조적 장치로 쓰이는 경우를 고려한 것이다. 그저 신나는 음악은 신나게, 슬픈 음악은 슬프게 반응하는 아이들의 순수성은 애니메이션의 복잡하지 않고 꾸밈없는 스토리와 조화롭게 흘러간다.

영화의 스코어를 담당한 마이클 지야치노(Michael Giacchino, 1967)의 다양한 작품들을 들어 보면, 애니메이션과 유독 잘 어울리는 느낌이 있다. 단순히 그가 작업한 대다수의 작품이 애니메이션이라는 이유 때문만은 아니다. 그의 음악은 여느 감독들과 달리 아기자기한 잔재미가 가득하다. 화려하게 춤을 추듯 움직이는 멜로디에서 느껴지는 재미도 있지만 편곡에서는 또 다른 재치 있는 요소들이 가득하다. 특히 마이클 지야치노의 주특기라면 모티브의 발전을 통해 이루어지는 다양한 변주(variation)이다. 여기서 변주란, 하나의 주

애니메이션 〈업〉의 몽타주

제적인 선율을 바탕으로 조성, 박자, 리듬, 화성 등과 같은 여러 가지 음악적 요소들을 활용하여 변형해나가는 곡의 스타일을 말한다. 영화에서 자주 접하게 되는 변주곡 중에는 대표적으로 바로크 시대의 바흐의 '골트베르크 변주곡'이 있다. 또 베토벤의 '에로이카 변주곡'이나, 브람스의 '하이든 주제에 의한 변주곡'이 간혹 등장할 때가 있는데, 이러한 변주곡의 형태야말로 영화에서 테마 음악을 구축하는 가장 근간이 되는 형식이다.

우리에게 가장 친숙한 변주곡인 모차르트의 '작은 별 주제에 의한 12개의 변주곡'은 우리가 익숙하게 흥얼거리던 '반짝반짝 작은 별 아름답게 비추네'로 알려진 바로 그 곡이다. 이 변주곡의 주제 멜로디는 모차르트가 프랑스의 민요에서 차용한 매우 단순한 것으로, 그 친숙함 때문에 'ABC 알파벳' 노래와 같이 다양한 가사로서 새로운 음악으로 둔갑하기도 한다. '작은 별'의 오리지널 멜로디를 첫 번째 주제로 제시해 청자들에게 각인시키고, 이후 멜로디의 음가를 짧게 분할하거나 리듬과 템포를 바꾸는 것, 그리고 장조와 단조의 변화에 이르기까지 다양한 음악적 요소들을 통해 주제를 변형하여 전개해 나가는 것이다. 이것이 고전 시대의 대표적인 변주곡 스타일이었던 하나의 주제 테마를 제시하고 그것을 다양한 방식으로 변주해 나가는 <주제와 변주>(Theme and Variation) 방식이다.

우리는 애니메이션 <업>에서 마이클 지야치노가 활용한 테마 음

모차르트의 '작은 별 주제에 의한 12개의 변주곡'

악의 발전 양상이 이 고전 시대의 변주곡 형식을 따른다는 생각을 해볼 수 있다. 특히 영화의 초반 4분에 걸쳐 나오는 'Married Life'는 장면에 따른 주선율 악기의 교체와 템포의 변화를 통해 영화의 분위기와 음악의 분위기를 절묘하게 엮어가고 있다. 'Married Life'는 3/4박자의 왈츠곡이다. 칼과 엘리의 결혼식과 이어지는 새 출발의 시작을 화려한 왈츠의 춤곡으로 이끌며 분위기를 밝고 경쾌하게 유지한다. 이때 멜로디의 연주로 쓰인 트럼펫의 음색은 곡을 더욱 호화롭게 만든다. 영화의 장면은 칼과 엘리의 신혼생활로 전환된다.

그리고 반복되는 멜로디의 주제선율을 받는 것은 바이올린이다. 바이올린의 연주는 앞서 연주된 금관악기의 음색보다 한층 차분하고 안정된 분위기를 연출한다. 곧이어 칼과 엘리가 아이를 꿈꾸는 장면으로 전환되며 음악은 화면 속 아기구름 모습과 함께 귀엽고 사랑스러운 음색의 타악기 벨(bell)과 첼레스타(celesta)를 등장시킨다. 수차례 반복되던 테마는 맑고 청아한 벨 소리의 멜로디로 교체되며 장면 속 아기자기한 모습을 극대화시킨다. 무수한 세월이 흘러 엘리의 병이 깊어져 더 이상 칼과 함께 할 수 없는 순간이 왔을 때 음악의 템포는 한없이 느려지고 전조가 이루어진다, 또한 피아노를 제외한 모든 악기는 소거되어 음악은 잔잔히 장면을 추모한다. 음악이 장면과의 동기화되어 영화의 일부분이 된 것이다. 이 4분의 몽타주 시퀀스에서 음악은 여러 번의 변주를 시도하며 장면과의 조화를 이끌었고, 장면이 전환되는 과정에서 보여준 브릿지 역할의 편곡들과 영화 속 잔망스럽게 사용된 미키마우징 기법의 활용들로 마이클 지아치노의 기량을 완벽하게 확인시켜 주었다. 변주를 선호하는 많은 영화음악가들 사이에서도 그는 변주의 귀재이다. 하나의 선율 테마로 얼마나 다채로운 변주가 가능한지, 그리고 변주된 곡들이 영화의 장면과 완벽한 일체를 이루는지는 그의 음악을 품은 여러 작품에서 확인할 수 있다.

애니메이션 사운드

애니메이션 <업>은 픽사에서 제작한 최초의 3D 애니메이션 영화로 그 의미가 남다르다. 영화 또는 애니메이션의 제작환경이 디지털화로 변화하며 물론 가장 큰 수혜를 입은 것은 애니메이션을 제작하는 애니메이터들이었다. 손으로 한땀 한땀 아니 한 프레임씩 그려 만들던 과거와 비교하면 말이다. 이로 인해 감사하게도 관객들의 경험은 무한 확장되었다. 애니메이션 <업>의 개봉 소식과 함께 1분짜리 트레일러가 돌아다닐 무렵, 네모난 얼굴 속 성난 할아버지의 표정과 그와 상반되는 동글동글한 남자아이의 표정을 유심히 봤던 기억이 있다. 디지털 애니메이션을 체감한 날이었다. 한마디로 만화영화에서도 실사와 견 줄만큼 인간의 희로애락이 표정에 담긴다는 것이 놀라웠다.

사운드 분야에서도 디지털의 수혜는 깊다. 특히 동시녹음이 전무한 애니메이션 사운드의 제작에서는 더욱 그렇다. 흔히 대사, 음악, 효과음으로 구분되는 영화 사운드의 요소들 중 0에서 100까지의 모든 소리를 디자인하여 현실의 소리와 같이 그대로 재현해내야 한다는 애니메이션 사운드에게는 그야말로 디지털의 덕이다. 그것뿐만이 아니다. 애니메이션에서 요구하는 가상의 효과음들 가령, 스타워즈(Star wars) 시리즈의 다스베이더가 광선검을 뽑아 올리는 장면에 맞춰 입혀진 사운드나 미니언즈의 목소리 같은 경우들이다. 실제 존재하지 않는 소재에 상상의 사운드를 창조해 내는 일은 애니메이션 사운드에서 비일비재하다. 디지털 음향 합성을 비롯한 다양한 사운드의 조작을 통해 관객들이 만나는 애니메이션의 가상 세계는 상상 이상이다.

애니메이션 사운드는 디지털의 무한한 가능성으로 인해 다양한 웃음 소재로 활용이 가능하다. <업>의 초반부, 칼 할아버지의 집에 무임 승차한 러셀은 모든 생각의 호기심을 이야기로 늘어놓는다. 쉴새 없이 떠들어대는 러셀을 성가시게 여기던 칼은 러셀을 야단치는 대신 조용히 자신의 보청기를 뮤트(mute)시켜 버린다. 이제껏 모든 상황의 사운드를 전지적인 청점(聽點)의 자리에서 경험해오던 관객들은 칼 할아버지의 주관적으로 이동한 청점을 경험하며 마치 내 귀에 보청기가 꺼진 듯한 묵음의 상태를 경험한다. 사운드로 재미를 유발시키는 장면은 계속 이어진다. 칼과 러셀의 모험이 시작되고, 파라다이스 폭포에 이르렀을 때 도요새인 케빈과 귀여운 강아지 더그를 만나게 된다. 그리고 더그를 쫓는 강아지 악당의 무리인 알파, 베타, 감마가 이들 여행의 방해 요소로 등장한다. 강아지들은 목에 장착된 특수장치에 의해 인간의 언어로 말을 전달할 수 있었고 스피커를 통해 나오는 목소리는 각각의 캐릭터 성격을 반영한다. 특히 악당의 무리 중 우두머리인 알파는 거칠고 공격적이지만,

특수장치의 고장으로 인해 위엄 있는 행동과는 상반된 얇고 가는 목소리로 출력된다. 헬륨가스를 잔뜩 들이마신 우스꽝스러운 목소리를 사운드로 재현하여 애니메이션의 스토리를 더욱 흥미롭게 이끌어가는 동시에 아이들의 영화 속 악당 캐릭터를 재치 있고 코믹하게 연출하여 애니메이션 특유의 웃음을 유발시키는 것도 바로 디지털 사운드의 큰 몫이 되었다. 화려한 이미지 쇼트 속에서 고군분투하며 애니메이션을 빛내고 있는 사운드의 영역도 놓쳐서는 안 될 이유이다.

---

*몽타주(montage): 조립하다(Monter)라는 프랑스어에서 파생된 영화용어. 즉, A라는 장면과 B라는 장면을 결합시켜 전혀 새로운 제3의 C장면을 보여주는 편집기법의 묘미를 시도하고 있는 방법이라고 정의할 수 있다.

아무도 모른다(Nobody Knows, 2004) ::
일본 영화음악의 서정성

1988년 일본 스가모에서 일어난 아동 방치 사건을 모티브로 하여 만든 영화 <아무도 모른다>(Nobody Knows, 2004)는 고레에다 히로카즈(これえだひろかず) 감독의 작품이다. 줄곧 원작소설을 바탕으로 영화화했던 감독이 실제 발생했던 사건을 각색하여 영화를 만든 것으로는 첫 작품이었다. 고레에다 히로카즈 감독이 이 사건을 선택한 이유가 사뭇 궁금해진다.

영화의 등장인물은 엄마와 네 명의 아이들이다. 이들 가정에는 아버지의 존재가 부재하지만 이것보다 더한 비극은 네 명의 아이들의 아버지가 각기 다르다는 점이다. 그럼에도 아이들은 천진무구하다. 그중 장남인 아키라(유야 야기라)는 고작 열두 살의 나이지만 또래

보다 일찍이 철이 들어 아버지의 자리를 대신하여 엄마를 위로하고 동생들을 살뜰히 보살피는 놀라운 심성의 아이이다. 농담처럼 던지기를, 2018년도 영화 <가버나움>(Capernaum)의 '자인(자인 알 라피아)'이 있기 훨씬 이전에 동양에는 '아키라'가 있었다라며, 세기에 한 번 나올까 말까 한 훌륭하고 훈훈한 소년가장들의 스토리를 지켜보는 심정은 늘 놀라울 뿐이다. 더욱이 보는 관객들을 놀라게 했던 것은 이 어린아이의 농축되고 절제된 연기였다. 엄마가 얼마의 돈을 쥐어주

영화 <아무도 모른다>의 포스터

고 떠나버렸을 때에도, 편의점에서 억울하게 도둑으로 몰렸던 상황에서도, 가진 돈이 다 떨어지고 굶주림과 더위에 지쳐있을 때에도, 그리고 죽은 막내 동생을 트렁크에 실어 묻고 돌아오는 길에도 아키라는 단 한 번도 눈물을 보인다거나 성을 내는 일이 없다. 영화의 모든 감정은 이 어린아이에게 체념으로 귀결되어 버린다.

영화가 이토록 무거운 주제를 바라보고 있는 것에 비해 영화의 분위기는 비교적 밝은 톤을 유지한다. 이것은 전적으로 아이들이 담긴 영화이기 때문이다. 네 남매 중 어린나이에 속하는 시게루(키무라 히에이)와 유키(시미즈 모모코)는 현실에 대한 인지능력이 부족한 나이 때문인지 아직은 근심걱정이 없다. 매일을 나름의 방식대로 행복하게 지내는 이 아이들을 영화는 깊게 조망한다. 이 영화에서 유난히 자주 사용된 아이들의 신체 클로즈업 쇼트들은 확실하고도 긴 시간 동안 우리에게 선명하게 각인되어 이 아이들이 얼마나 사랑을 받아야 마땅한 존재들인지 보여준다. 여전히 꾸밈없이 해맑은 아이들의 이 일상적이고 평범한 모습들은 출구가 봉쇄되어버린 진짜 현실의 상황과 대비되어 아이러니한 감정을 촉발시키고 있다.

고레에다 히로카즈 감독이 영화 <아무도 모른다>를 제작하며 마치 다큐멘터리와 영화의 경계에 있는 듯한 그만의 스타일에 큰 영향을 미친 것은 1991년 그의 첫 다큐멘터리 작품인 <또 하나의 교육>때문이다. 알려진 대로 그는 다큐멘터리 감독으로 데뷔를 했고,

그의 많은 작품이 그가 추구하는 다큐멘터리식 연출을 따라 관객의 감정개입을 축소시키고, 모든 관객이 적당한 거리를 둔 관찰자의 자리에서 조용히 영화의 시선을 이끌어 간다. 그러나 그의 연출은 언제나 우리에게 영화를 보고 난 이후의 묵직한 근심을 남긴다. 아무런 개입 없이 관망하는 듯 바라보던 이 영화가 마치 현실에서 우리의 시선들과 맞닿아 있는 것은 아닌가 하는 반성과 그럼에도 불구하고 이 아무도 모르는 현실에 대한 회피를 조용하게 추궁하는 것이 아닌가 하는 생각이 드는 것이다.

절제된 다섯 개의 스코어

영화에 삽입된 다섯 개의 곡은 2시간 20분의 긴 러닝타임 동안 적재적소에 간결하고도 소박하게 배치된다. 이는 장편영화에 삽입되는 음악의 평균적인 기준으로 본다면 턱없이 부족한 숫자이다. 영화가 다큐멘터리의 형식을 모방한다는 전제로 본다면 음악의 유입을 의도적으로 제한한 것은 감독의 의도였을 것이다. 더욱이 영화에서의 음악이 관객의 감성을 유도하고 이끌어내는 목적으로 사용된다는 것을 생각한다면, 관객의 감성을 억지로 강요해내지 않으려 했던 고레에다 히로카즈 감독의 연출에서 음악의 지분은 매우

'곤티티' 출처 https://www.gontiti.jp

협소할 수밖에 없게 된다. 그렇게 척박한(?) 영화음악의 환경 속에서 배치된 다섯 개의 음악은 주옥같은 빛을 낸다. 그리고 장면과 음악이 결합할 때, 영화는 잠시나마 다큐멘터리에서 픽션이 되어 관객들의 장중한 부담의 무게를 내려놓게 만들기도 한다.

이 영화의 음악을 담당한 것은 일본의 어쿠스틱기타 듀오인 '곤티티(ゴンチチ, Gontiti)'이다. 곤티티는 곤자레스 미카미(ゴンザレス三上)와 티티 마츠무라(チチ松村)의 앞 글자를 딴 이름이다. 앙증맞은 밴드 이름과는 달리 두 아티스트는 데뷔한 지 40여 년이 된 노장의 기타리스트들이다. 그들의 음악을 경험해 본 이들이라면 일본의 정취가 가득 담긴 서정적인 멜로디를 이미 간직하고 있을 것이다. 음악

에서 풍겨나는 일본의 정취라는 것은 다분히 일본 전통악기를 사용하는 것이나, 일본 스케일(Japanese Pentatonic Scale)의 종류들 – 히라조시(Hirajoshi), 아케보노(Akebono), 인센(Insen), 이와토(Twato), 쿠모(Kumoi-Choshi) – 을 멜로디에 차용시켜 일본적인 느낌을 끌어내는 것만은 아니다. 거칠지만 따스한 아날로그 필름의 감성이나 소박하지만 아기자기한 건물들과 집 안의 풍경들, 그리고 꽃과 식물을 가꾸는 아이들의 모습들과 잘 묻어나는 음악이며, 이것이 곤티티가 창작해 낸 일본의 정취이다. 그리고 완벽한 일본을 재현하기 위해 추가적으로 필요한 것이 바로 목가적인 느낌을 그리기 위한 악기의 선택이다. 주관적이지만 나는 곤티티의 어쿠스틱 기타 사운드와 그들의 따뜻하고 편안한 음악이 일본의 서정성과 맞닿아 있다고 생각한다. 이들이 자신들의 음악에서 표현하는 어쿠스틱 기타의 연주 방식은 클래식 기타나 다른 서양의 어쿠스틱 기타와는 차별되는 무언가가 있다.

영화의 오프닝 시퀀스는 마지막 이야기의 앞선 재생이다. 음악도 대사도 표정도 하나 없이 달리는 모노레일 내부의 소리만 가득 담긴 이 1분의 시퀀스는 그야말로 아무것도 없는 장면이지만 너무나 많은 것이 들어있다. 음악이 배치되지 않은 이 장면에서 아이러니하게도 관객들은 허전함을 느끼기보다 화면에서 얻어지는 시각적 정보에 집중력을 발휘할 때가 있다. 관객들이 특별하게 인지하지 못하는 영화음악의 흥미로운 역할이다. 무성영화 시대를 떠올려 보면 이해가 쉽다. 영화의 시작부터 끝까지 무궁동(無窮動)처럼 지속되는 무성영화들에서 기억에 남는 음악들을 특정해 내기란 쉽지 않다. 영화음악의 역할이 허전한 배경을 채우거나 특정한 분위기를 창출해 내기 위한 의도로 쓰였을 때에는 그 음악이 뇌까지 도달하기가 힘들고 설사 도달하였다고 하더라도 뇌리에 정확히 각인되기는 쉽지 않다. 다시 말해 배경음악의 용도로 쓰이는 영화음악들은 관객의 귀에 들리고 있기는 하지만 듣지 않는 음악이 되기 십상이다. 이렇게 주구장창 흘러나오는 무성 영화음악의 틀이 할리우드 영화의 기반이 되며 영화에 가득 찬 음악을 쉴 틈 없이 내세워가던 그때, 영화의 음악이 갑자기 중단된 순간 관객들의 시선이 집중됨을 알게 해준 영화가 있었다. 바로 클린트 이스트우드(Clint Eastwood, 1930) 주연의 영화 <더티 해리>(Dirty Harry, 1971)이다. 숨 막히는 추격전에서 영화 속 음악은 쉴 새 없이 내달리다 결정적 장면에서 음악은 고조의 방식을 선택하는 대신 단절을 택한다. 할리우드 영화음악의 거장 랄로 쉬프린(Lalo Schifrin, 1932)의 센스 넘치는 영화음악 기법이다. 영화 속 추격 장면에서 갑작스런 음악의 중단으로 분위기는 급작스레 고요해지고, 요란한 사운드와 음악으로 가득 메웠던 장면과 대비된 하나의 장면을 숨죽여 집중하게 된다. 이것이 바로 앞서 이야기 한 영화음악의 역할이다. 그리고 이 아이러니함은 영화 <아무도 모른다>에서 최소한으로 배치된 음악을 통해 이끌어 낸 시각적 구축방식이다.

영화의 시작은 아키라의 가족이 후쿠시마에서 이사를 오는 날에서부터 출발한다. 아이가 많은 가정은 세입자로 들이기 꺼려하는 분위기에 비교적 체구가 작은 어린 동생 두 명 – 시게루와 유키 – 을 트렁크에 넣어 이삿짐으로 옮긴다. 트렁크 속에 담겨 집으로 올라온 아이들은 마치 즐겁게 숨바꼭질 놀이라도 했던 것처럼 트렁크 문이 열리자 해맑은 웃음을 보인다. 이 아동 학대와 같은 비상식적인 장면에서 아이들은 천진하게 웃고 있고, 이 아이들의 미소를 보고 같이 웃어도 되는 상황인지 오락가락하는 와중에 집 안의 햇살은 지극히 아름답게 비치고, 또 함께 흘러나오고 있는 음악은 너무나도 발랄하고 개구지게 이 장면을 미화한다. 이 음악은 바로 앨범의 두 번째 트랙인 '비밀(ひみつ)'이라는 곡이다. '곤티티'의 연주음악에서 가장 특징적인 부분은 저음과 고음의 영역을 구태여 구분하지 않는 자유스러움이 있다. 이것은 다른 말로 옮기면 반주의 영역과 멜로디의 영역을 고정적으로 분리하여 패턴적으로 만들어내는 연주 스타일이 아니라는 것이다. 이들의 음악은 때로는 같은 음역대에서 같은 연주기법을 사용하여 연주를 하기도 하고, 멜로디와 반주의 패턴이 중구난방으로 이루어지기도 한다. 멜로디가 반주에 섞여 어느 것이 멜로디인지 어느 것이 반주인지 복잡해질 때도 있지만 이것이 '곤티티'의 스타일이다. 두 번째 트랙인 '비밀'은 기타의 빠른 아르페지오를 사용한 음악이다. 그러다보니 음악이 매우 민첩하고 활기찬 분위기를 형성한다. 아이들이 트렁크에 담겨져 이사를 오게 되는 이 아이러니한 상황을 아기자기하고도 재미나게 구경하게 되는 것도 바로 이 음악의 능력인 것이다. 저녁이 되어 해가 저물고, 아키라는 둘째 여동생인 교코(키타우라 아유)를 데리러 나간다. 제법 나이가 있는 교코는 미처 트렁크에 담기지(?) 못하고 밖에서 이웃들이 잠든 시간을 기다리고 있었다. 그런 교코를 데리러 가기 위해 아키라는 밤길을 내달린다. 이 장면에서 영화의 메인 테마인 '아무도 모른다(誰も知らない)'가 흐른다. 영화를 통틀어 많이 반복되는 테마곡으로 아키라가 가장노릇을 하기 위해 홀로 길을 나설 때 주로 배치되어 아키라의 테마로 보는 시각도 가능할 듯하다. 이 테마는 4/3박자의 왈츠 리듬을 기본 박자로 하여 그 위에 단선율을 연주하는 방식이다. 이 곡은 다른 곡들에 비해 일본의 정서를 잘 표현하고 있는데, 그것은 멜로디 연주에서 사용한 음계의 정서 때문일 것이다. 우리나라를 포함한 동양의 나라들은 5음 음계를 주로 사용하고 이로써 동양의 전통적인 색채를 창출해낸다. 특히, 한국의 전통음계보다 훨씬 복잡한 일본의 음계는 단순한 음악적 선율을 위한 음계에서도 양(陽)과 음(陰)의 조화를 이루기 위한 여성-남성적 스케일을 분류할 정도로 동양의 사상에 기반을 둔다. 일본 전통음계들

은 단음계(minor scale)를 기반으로 하는데 특히 이 가운데 일본의 독특한 정서를 자아내는 것은 반음(chromatic)의 활용이며 이것을 반음적 5음계라고 한다. 잦은 반음의 사용은 일본의 전통악기인 고토(Koto)의 조율을 기반으로 생성된 스케일이라고 전해진다. 명주실을 튕겨 나무로 이어진 몸통(Body)에서 소리가 공명되는 고토의 음색은 그 소리를 들어보면 우리나라의 가야금을 연상케 하기도 하고, 높은 음역대에서 현을 튕겨 연주하고 있는 어쿠스틱 기타 느낌을 주기도 한다. '곤티티'가 이 음악에서 의도치 않게 창조해 낸 정서는 일본 전통 스케일을 차용하여 그들의 전통악기와 흡사한 음악의 색채를 통해 단순한 듯 단조롭지만 결코 부족하지 않은 느낌을 만들어낸 일인 것이다. 결국 이 모든 것이 영화의 메인 테마인 '아무도 모른다'가 일본의 전통적인 느낌을 자아낼 수밖에 없는 이유이다.

영화 <아무도 모른다>의 모든 트랙이 소중하지만 그중에서 가장 마음이 가는 트랙은 '약속(やくそく)'이다. 음악을 통해 구현하고자 한 이미지는 막내인 '유키'라 짐작한다. 사려 깊은 아키라는 집 안에서만 자라는 유키의 모습이 안타까워 유키의 생일을 맞아 짧은 외출을 시도한다. 부족한 생활비를 쪼개 막내 유키가 좋아하는 초콜릿을 사주었던 자상한 오빠 아키라는 길가에 앉아 마지막 초콜릿을 입에 넣는 유키를 가만히 지켜본다. 집으로 돌아가는 길에 두 남매는 지나가는 모노레일을 발견한다. 그리고 그 모습을 한참 동안 지

켜보던 아키라는 유키에게 모노레일을 타고 하네다 공항에 있는 비행기를 보러 갈 것을 약속한다. 이 순간 남매에게 모노레일의 불빛은 마치 놀이동산에서 돌아가는 회전목마의 화려한 불빛 같은 환상적인 꿈이고 초현실적인 이상이다. 이 장면에서 배치된 음악이 '약속'이다. 이 음악은 F장조의 조성에 4/4박자, 그리고 음악의 가장 기본 구성 형식인 8마디의 '한도막 형식(one part form)'을 취한다. 이 음악적 구조가 우리에게 가장 익숙하게 다가오는 것은 우리가 알고 있는 대부분의 짧은 동요 혹은 민요가 이 8마디의 한도막 형식이기 때문이다. 이 '약속'은 순수한 동심 그 자체이다. 더욱이 2마디의 동형진행으로 반복되는 선율은 그야말로 동요를 모방하며 동생을 아끼고 사랑하는 아키라와 오빠의 약속을 믿고 따르는 순수하고 착한 유키의 모습을 그려내었다. 특히 어쿠스틱 기타가 주는 아련한 느낌은 이 장면이 엽기적인 결말과 연결되어 얼마나 큰 눈물을 자아내는 최루적인 음악이 될 것인지 기대해도 좋을 것이다.

비우티풀(Biutiful, 2010) :: 기타리스트의 영화음악

꽤 지난 영화이다. 이 영화를 생각하면 감독과 배우가 여러 영화제에서 이름을 알린 인지도 있는 영화인들이고, 감독의 명성에 맞게 영화의 짜임새도 꽤 순조로웠던 영화인데 반해 어떤 이유에선지 묻혀진 느낌이 있다. 그럼에도 큰 흥행으로 여러 사람들 입에 오르내리지 않아서 좋은 이 느낌은 무엇인지. 아무튼 개인적으로는 숨겨진 보석 같은 영화이다.

영화 <비우티풀>(Biutiful, 2010)은 알레한드로 곤잘레스 이냐리투(Alejandro Gonzalez Inarritu, 1963) 감독의 작품이다. 다양한 국적, 인종, 계급의 묶음과 삶과 죽음의 어두운 단면을 즐겨 그리는 이냐리투 감독은 <비우티풀>을 통해 이제껏 그가 영화에 담아내고자 했던 그

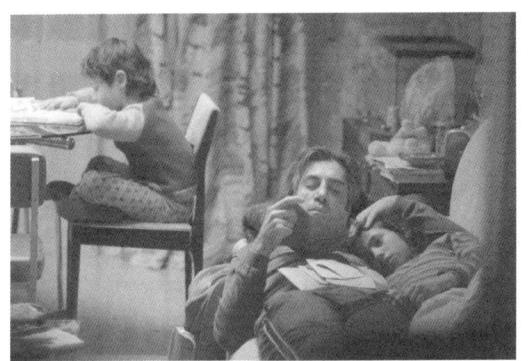

영화 〈비우티풀〉의 욱스발과 두 자녀

모든 인간 고통의 현실을 완성하려 한 듯 보인다. 영화는 2006년 작 <바벨>의 연장선상에서 스페인과 중국 그리고 아프리카 세네갈의 인물들이 서로 얽혀 절박한 인생을 살아가는 현실을 그린다. 주인공 욱스발(하비에르 바르뎀)은 스페인의 하층민이다. 그는 밀입국자들을 관리하는 브로커 일을 하며 살아가지만 죽은 영혼을 보는 특별한 능력으로 영매의 일을 하기도 한다. 비록 불법적인 일로 살아가고 있지만 아들과 딸, 이 두 아이들에게만은 지극히 헌신적인 가장이다. 욱스발이 시한부 선고를 받게 된 이후 담담히 죽음을 준비하며 남겨질 아이들을 위해 생계유지에 힘을 쓰지만, 자신의 의도와는 다르게 처참히 붕괴되어 가는 가정과 죽음 앞에서 한없이 무력해지는 자신의 모습 속에서 그는 점점 절망에 빠진다. 영화는 지속적으로 비관적이며, 우리에게 결코 전화위복과 같은 어설픈 희망으로 위로하지 않는다. 욱스발과 함께 지내던 세네갈 불법체류자 이혜(디아리아 투다프)는 영화 내내 욱스발의 아이들을 도왔지만 자신을 믿고 전 재산을 맡기면서까지 죽음을 준비하던 욱스발을 배신하고 떠나버린다. 결국 아무것도 없이 방기되어 버린 아이들 옆에서 욱스발은 안타까운 죽음을 맞는다.

이냐리투 감독이 그린 현실은 너무나도 잔혹하고 핍박하다. 그렇지만 이것이 영화를 위해 과장된 것이 아니라는 부분이 관객들을 고단하게 만든다. 그럼에도 영화의 정서 속에는 강한 연민을 끌어안고 있다. 욱스발이 중국 밀입국자들을 이용해서 생계를 유지하면서도 그들에 대한 동정을 잃지 않는 면모나 세네갈의 이주민인 에크웸과 이혜를 무심하게 신경 쓰는 모습은 분명한 연민이다. 그러나 이 연민의 끝에 주어지는 보상은 없다. 정확히 말하면 연민의 끝을 지배하고 있는 것은 좌절이다. 추위에 떨며 지내는 중국 밀입국자들을 위해 욱스발이 구해준 난로는 그들을 몰살시켜 버리고 욱스발에게 크나큰 죄책감을 남긴다. 그 사건 이후, 악화되는 병세와 함께 삶에 대한 희망은 꺼져간다. 욱스발 자신이 시한부 선고를 받지 않고, 남겨질 아이들을 위해 더 많은 돈을 비축하지 않아도 되었다면, 그는 중국인들에게 더 좋은 난로를 공급할 수 있었고 그들은 죽지 않아도 될 일이었다. 그게 아니라면 차라리 추위에 떠는 중국인들을 모른 척 방관했었더라면 적어도 그들 중 몇은 목숨을 부지할 수 있는 일이었다. 영화에서 그려지는 현실은 너무나도 처참하기 그지없다.

  영화에서 드러내는 또 다른 이름의 연민은 부성으로 가려져 표현되기도 한다. 아직 어린 두 남매를 두고 떠나야 하는 아버지의 마음과 또 자신을 보며 그러한 마음을 가졌을 죽은 아버지의 마음을 영화의 처음과 마지막 장면에 세심히 그린다. 하얀 눈밭 위를 헤매던 욱스발이 자신보다 훨씬 어린 모습의 아버지와 조우하는 이 장면은 영화의 시작과 끝에 반복 배치된다. 이 동일한 장면이 엔딩에서 더욱 담담한 전율을 느끼게 한 것은 우리가 영화를 통해 그의 삶을 통찰했기 때문일 것이다. 멕시코의 이주민으로 힘들게 살았던 그의 아버지와 그런 아버지의 삶이 대물림 되듯 결국 두 아이들에게 형편없는 생활만을 물려주고 떠나야 하는 아버지로서의 죄책감은 이 세상 모든 아버지들의 고난이다. 죽음의 기로에서 강박적일 만큼 아이들의 규범에 예민했던 이유도 내 아이들은 자신과는 다른 삶을 살기를 바랬기 때문이었을 것이다. 어느 날 그의 딸이 물어보던 'Beautiful(뷰티풀)'의 스펠링을 그는 담담하게 'Biutiful(비우티풀)'로써 내려간다. 이주민으로써 제대로 된 교육을 받지 못한 아버지가 자신의 무지함을 감추어 내듯 태연히 알려준 '비우티풀'은 결국 그들에게는 삶의 무게에 짓눌린 퇴색된 아름다움이 되어버린다. 그럼에도 이 어린 딸은 아버지가 알려준 '비우티풀'을 소중히 기억한다. 언젠가 이 아이가 커서 '뷰티풀'의 철자와 뜻을 정확히 알게 되는 날이 오더라도 말이다.

기타가 표현하는 남성성

영화가 시종일관 어두운 바르셀로나의 모습을 담은 것과 같이 음악 또한 같은 색채로 영화를 조심스레 따라간다. 음악은 아르헨티나 영화음악감독 구스타보 산타올라야(Gustavo Santaolalla, 1951)가 맡았다. 대중적이지 않은 이름에도 불구하고 그의 필모그래피를 살펴보면 꽤나 굵직한 작품들에서 그의 이름을 확인할 수 있다. 특히 기타리스트 출신답게 기타를 전면에 내세운 음악들로 영화 특유의 분위기를 자아내는 능숙함이 있다. 아르헨티나 출신 이방인이었던 구스타보 산타올라야가 할리우드 환경에 등장하여 커다란 획을 그은 작품으로 월터 살레스(Walter Salles, 1956) 감독의 <모터사이클 다이어리>(Motorcycle Diaries, 2004)를 기억할 수 있다. 사방이 광활하게 펼쳐진 대지에서 오토바이를 타고 내달리던 남미의 혁명가 체 게바라의 젊은 시절을 영화화했던 이 작품에서 구스타보 산타올라야의 기타 연주는 체 게바라의 젊은 날 그 자체였다. 다채로운 기타의 종류 중에서도 이 영화가 선택한 음색은 특별히 어쿠스틱 기타의 날 선 음색과 그 위에 얹어진 일렉트릭 기타의 긴 스트로크 연주이다. 타이틀곡인 'Apertura'는 멜로디 악기의 구성없이 오로지 기타와 타악기로만 곡의 리듬을 강조하고 화성을 덧붙였다. 음악에서 멜로디의 부재는 서정성을 축소하는 역할을 하여 불필요한 감정의 자극을 배제시킬 수 있다. 또한 일렉트릭 기타의 음색에서 느껴지는 남성적 기질과 다듬어지지 않은 거친 음색에서 풍겨지는 자유로움은 남미 대륙을 횡단하는 낡은 오토바이 위 체 게바라의 열정 어린 모습과 너무나도 잘 어우러진다. 뿐만 아니라 구스타보 산타올라야가 기타리스트라는 자신의 본업에 이리도 충실할까 싶은 점은 영화의 모든 스코어에서 확인할 수 있는 다채로운 기타들이다. 특히 구스타보 산타올라야가 영화의 이국적인 풍경과 조화를 이루기 위해 론로코(Ronroco)라는 류트 계열의 현악기와 쿠바의 전통악기인 트레스 기타(Tres Guitar)를 사용하였다. 이 10개의 현을 가진 론로코의 음색과 트레스 기타의 특색 있게 조율된 스케일 연주만으로도 듣는 우리는 이국적인 감성에 취할 수 밖에 없다. 쿠반 트레스(Cubam Tres)라는 다른 이름으로도 알려져 있는 이 악기의 외형은 해드, 네크, 바디로 이루어진 보편적인 기타의 모습을 하고 있다. 6개로 이루어진 쇠줄(Steel Strings) 또한 어쿠스틱 기타의 모습과 동일하지만 6개의 줄이 동일한 간격으로 배열된 일반 어쿠스틱 기타와는 다르게 2개의 줄이

한 묶음이 되어 세 묶음의 줄로 연주된다는 것이 트레스 기타의 가장 차별화된 점이다. 트레스 기타의 연주와 함께 영화 속에 펼쳐지는 남미의 붉은 태양 그리고 도시의 모던함과는 다른 황량하고 거친 도로와 그 속에서 만나는 이방인들의 모습은 이 영화가 나타내고자 하는 쿠바의 모습과 젊은 혁명가의 에너지를 거침없이 드러내고 있다.

이 하나의 작품만으로 기타의 음색이 남성의 성향을 내포한다는 이야기에 무리가 있다는 생각을 할지도 모르겠다. 그렇다면, 구스타보 산타올라야의 2006년 작품인 <브로크백 마운틴>(Brokeback Mountain)의 메인 테마곡도 곁들여 보자. 이 두 영화는 사실 그럴듯한 공통점이 많다. 남성 중심의 서사를 지니고 있다는 것과 이국적인 환경과 지리적 배경에서 보여주는 광활한 대자연의 뷰는 이 두 영화의 떠올리면 가장 기억에 남는 부분이다. 추가적으로 두 작품의 음악감독인 구스타보 산타올라야는 영화음악의 메인 악기를 기타로 선정하여 영화에서 표현되는 이미지와 기타가 지닌 고유한 음색의 특징을 절묘하게 매치시켜 영화음악의 지위를 향상시킨다.

당시 할리우드 영화음악의 패턴은 영화 전체를 장중한 오케스트라 음악으로 아우르며 영화 전체를 지배하는 느낌의 음악이었다면, 구스타보 산타올라야의 음악은 기존의 스타일과는 다른 생소한 경험이었을 것이다. 그의 음악은 영화에서 표현하고자 하는 본질만을 정확히 꿰뚫어낸다. 장황하거나 거창한 음악으로 영화를 뒤덮는 것이 아닌 단 하나의 악기만으로 그 악기의 특징을 십분 발휘한 핵심적인 음악으로 영화의 요점을 찌르는 것이다. 영화 <브로크백 마운틴>에서 그는 나일론 줄(Nylon String)이 감긴 기타를 사용한다. 나일론 줄은 일반 쇠줄에 비해 훨씬 따뜻하고 부드러운 느낌의 음악으로 표현되고, 나일론 현에서 시작되는 풍부한 공명으로 음악 전체의 분위기를 가득 메우는 장점이 있다. 영화 <브로크백 마운틴>의 전반적인 분위기가 이러하다. 인간의 손길이라고는 찾아볼 수 없을 것만 같은 광활한 브로크백 마운틴의 언덕에서 파란 초원 위를

 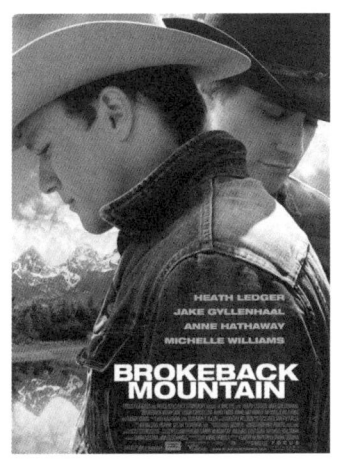

영화 〈모터사이클 다이어리〉와 〈브로크백 마운틴〉

누비고 있는 수백 마리 양떼들의 모습, 그리고 양들을 몰며 자유로이 생활하고 있는 두 청년의 모습은 가공되지 않은 자연의 생명력 그 자체이다. 유난히 롱 쇼트의 구성이 많은 이 영화는 그만큼 영화가 보여주는 풍광명미(風光明媚)에 매료될 수밖에 없다. 그리고 그 자연 안에서 발견한 두 남자의 사랑은 그 어떤 사랑의 모습보다 원초적이고 순수하다. 영화의 전반에 걸쳐 기타는 주력악기로 등장하여 두 남자 주인공의 심리묘사를 대변하고, 광활한 대자연을 가득 메우는 기타의 솔로 연주는 화려하지는 않지만 조용하게 그리고 서서히 화면 전체를 아우르며 영화의 분위기를 압도한다.

영화 속 클래식

다시 영화 <비우티풀>의 음악으로 돌아왔다. 바르셀로나의 음침하고 어두운 분위기를 내내 표현하기에 바빴던 스코어들 중 유일하게 선명한 멜로디가 들리는 음악이 있다. 차분하고 단정하게 흐르는 피아노 선율의 클래식 음악이 영화의 엔딩곡으로 선택된 것이다. 이 곡은 프랑스의 작곡가 모리스 라벨의 피아노 협주곡 G장조 2악장이다. 앞서 언급한 것과 같이 이 영화에 등장하는 대부분의 음악과는 확실히 상반되는 이 곡의 쓰임새는 영화의 시공간에 대한 구분을 도와주는 역할을 한다. 영화는 욱스발이 살고 있는 현실의 세계와 사후의 세계를 철저히 분리시킨다. 욱스발이 병든 몸으로 고된 삶을 이어오던 현실은 끊임없이 어둡고 침울하며, 그 속에서 함께 흐르는 음악들은 대부분 욱스발의 혼란스러운 내면을 표현하기 위해 어지럽고 몽환적이다. 욱스발의 삶이 이처럼 고통의 축적이었다면 그의 죽음은 해방과 자유를 의미할 수 밖에 없다. 감독은 이를 위해 사후세계의 공간을 티 없이 하얗고 깨끗한 눈밭으로 설정한다. 하얀 눈밭과 그 안에서 이루어진 아버지와의 만남은 그가 홀로 고군분투하며 살아왔던 어두컴컴한 바르셀로나의 뒷골목과 대비된다. 이 하얀 눈 밭 위에서 전에 없던 음악을 등장시키며 지난 시간들과의 철저한 단절을 보여주는 것이다.

라벨의 피아노 협주곡 2악장 아다지오 아사이는 철저히 이냐리투 감독의 요구였다. 영화 <비우티풀> 작업에 착수하기 전, 이냐리투 감독의 어린 아들이 라디오에서 흐르는 이 곡을 듣자 "슬프지 않은데 너무 슬픈 곡"이라는 표현을 했다고 한다. 영화감독인 아버지의 예술적 DNA를 그대로 흡수한 것인지 어린 아이의 정서로 이러한 표현이 가능하다는 것이 너무나도 놀라울 따름이다. 더욱이 그 표현은 이 곡을 설명하기에 더할 나위 없이 적합하다. 이 곡이 슬프지 않다고 느낀 이유는 메이저의 조성에서 오는 밝은 느낌 때문이었을 것이다. 그러나 이 곡은 밝은 느낌을 상쇄시키듯 느린 템포로 연주된다. 아다지오(Adagio)의 빠르기는 안단테보다는 느리게, 라르고보다는 약간 빠른 속도를 표현해야 한다. 거기에 더해진 아사이(Assai)는 아다지오의 속도를 좀 더 느리게 가중시켜 주는 부사(adverb)이다. 천천히 느린 속도로 시작되는 왼손 반주의 리듬에 올려진 단선율의 멜로디는 그야말로 아련하기 그지없다. 이 곡은 2분 50초의 꽤 긴 시간 동안 피아노의 단독 연주에 많은 시간을 할애한다. 그만큼 피아노의 서정성을 강조하며 오래도록 듣는 이의 감성을 깊게 터치하려는 작곡가의 의도가 엿보이는 곡이다. 더욱이 3/4박자의 리듬이 주는 왈츠의 움직임은 이 서정적인 멜로디를 그저 아련하고 처량하게만 담아 두지는 않는다. 이것이 이냐리투 감독의 어린 아들이 말한 "슬프지만 슬프지 않은 곡"의 뉘앙스가 아닐까?

슬프지만 반드시 슬프지만은 않은 것, 그리고 희미하게 떠다니는 아름다움 속에 녹아 있는 애수처럼 모순된 감정을 한껏 담아낸 음악은 결국 영화에서 드러내고자 하는 주인공 욱스발의 삶이었다. 그리고 그것은 곧 우리의 삶이었음을 영화는 이야기하고 있다.

너는 여기에 없었다(You Were Never Really Here, 2017) ::
가장 얼터너티브(Alternative)한 영화음악

　영화의 모든 장면이 너무나 감각적이어서 마치 한 편의 세련된 광고를 보는 듯하다. 린 램지(Lynne Ramsay, 1969) 감독의 모든 작품들이 나에게는 그런 느낌이다. 영화 <케빈에 대하여>(We Need to Talk About Kevin, 2011)에서 보아왔던 아름다운 색채미와 클로즈업 쇼트, 그리고 영화 <쥐잡이>(Ratcatcher, 1999)에서 그토록 집요하게 제시했던 주인공 제임스(윌리엄 이디)의 정적인 프레임들은 린 램지 감독이 자신의 영화로서 성취해내고자 하는 미학의 세계가 얼마나 깊고 방대한지 짐작할 수 있다. 영화 <너는 여기에 없었다>는 린 램지 감독의 가장 최근작이다(2018년 한국 개봉 기준). 이 책에서 다루어진 여러 개의 작품 중 가장 단출한 스토리라인과 최단의 러닝타임을 가진 영화지만 린 램지의 그 어떤 영화보다 단단히 압축된 영화의 구조와 시각의 메세지를 채워 전달한다.

주인공 조(호아킨 피닉스)는 성장기 때 아버지로부터 받은 마음의 상처와 전쟁 트라우마로 인해 힘겹게 살아가고 있는 인물이다. 어린 시절 무자비한 학대를 일삼았던 아버지를 피해 숫자를 세어가며 시간이 지나기만을 기다리던 어린아이는 과거의 기억을 극복하고 무력해진 엄마를 지키기 위해 군인이 된다. 그러나 전쟁에서 겪은 폭력과 살인은 그를 더욱 강인하게 만드는 대신 내면에 숨어있던 어린 '조'를 다시 불러 내세웠고, 결국 그는 상처와 트라우마에 갇힌 삶 속에서 허우적대고 있다. 이러한 고통 속에서 아이러니하게도 그는 고위관직들의 청부를 도맡아 거리낌 없는 살인을 행하는 일을 한다. 사회악의 처단을 통해 과거 자신의 트라우마와 고통에서 벗어날 수 있을 것이라는 그의 판단은 오히려 독이 되어 파편처럼 떠오르는 과거의 장면들을 마주하게 되고, 아버지가 사용하던 흉기인 망치는 고스란히 자신의 무기가 되어 영원한 무력감에서 헤어 나오지 못하게 만들어버린다.

이토록 위기의 삶을 이어가던 조 앞에 나타난 니나(예카테리나 삼소노프)의 임무는 그를 변화시키는 계기가 된다. 어린 시절 자신과는 또 다른 방식의 학대를 당하며 저항조차 하지 못하는 어린 니나를 구하는 것은 이제껏 이루지 못한 본인을 해방시키는 것과 다르지

영화 〈너는 여기에 없었다〉의 조와 니나

않다. 그러나 그 소녀는 조와는 달리 자발적 능동성을 지닌 인물이었다. 소녀는 스스로 자신을 지켜내고 오히려 조의 영혼을 위로하는 강인한 소녀였다. 그렇게 두 사람은 같은 상처를 통해 서로를 치유한다. 그리고 그들의 삶을 지속시킬 수 있도록 감독은 엔딩으로서 그들을 도와준다.

조니 그린우드의 실험적 음악

더 이상 밴드의 이름을 언급하지 않아도 그의 이름만으로 충분하다. 조니 그린우드(Jonny Greenwood, 1971)는 벌써 굵직한 여러 편의 영화들에 이름을 올렸고, 심지어 훌륭하기까지 하다. 그의 작품에서 대표작으로 언급되는 것은 역시나 영화 <팬텀 스레드>(Phantom Thread, 2017)이다. 90년대 얼터너티브 팝을 주도하던 거장 뮤지션이 영화음악에 손을 댄다는 의외의 행보와 또 그 영화가 1950년대의 배경을 바탕으로 영국 왕실의 드레스를 만드는 의상디자이너의 이야기를 소재로 한 영화의 음악이라는 것은 거의 라디오 헤드에 대한 믿음 반, 그리고 조니 그린우드에 대한 의심 반인 흥미로운 일이었다. 다행히 영화 <팬텀 스레드>에서는 기품 가득한 영국의 복식들과 함께 흘러나오는 몽환적인 신디사이저의 음색은 없었다. 오히려 그런 우려와는 달리 영화와 잘 어울리는 아름답고 매혹적인 현악 스트링의 편곡들이 가득했으며 현재는 여러 관객들이 손에 꼽는 훌륭한 스코어의 목록이 되었다.

이쯤 되면 '조니 그린우드'에게 '라디오 헤드'라는 이름은 잠시 접어두어도 될 것만 같다. 영화 <너는 여기에 없었다>의 음악은 완벽하게 조니 그린우드 자신의 본질로 돌아가 영화 속 조를 거의 완벽에 가깝게 묘사해 냈다. 그리고 영화의 모든 스코어에는 그의 영역인 전자음악적 요소가 가득하다. 음악은 여러 가지 전자음악의 높은 파워로 영화를 압도하기에 이르고 린 램지 감독의 꽉 짜인 영화의 형식과 그 속에서 움직이는 배우의 강한 기운은 너무나 강렬한 나머지 영화에 제압당하는 느낌마저 든다. 특히 영화에서 깊은 인상을 남겼던 음악은 9번 트랙인 'Nina Through Glass'와 12번 트랙인 'Downstairs'이다. 조니 그린우드가 어린 시절 클래식 음악을 공부했다는 것은 라디오 헤드의 팬이라면 모두가 알만한 사실이고, 특히 그가 협업을 하며 존경해 왔던 폴란드 출신 현대음악가 펜데레츠키(Krzysztof Penderecki, 1933-2020)*의 직접적인 영향을 확인할 수 있는 곡이 바로 이 두 개의 트랙이다. 이 두 개의 곡에서 20세기 현대음악의 어법을 떠올릴 수 있는 것은 현악기로 유발시키는 소리 음향의 가능성들 때문이다. 펜데레츠키가 자신의 현악 작품의 장르 안에서 표현하기 위해 노력했던 새로운 음향에 대한 갈구를 그대로 흡수한 조니 그린우드의 음악적 변모는 이 두 곡에서 고스란히 들어난다. 특히 영화의 12번째 트랙과 비교하여, 펜데레츠키의 작곡 스타일을 응집시켜놓은 것 같은 현악 4중주 No.1-3을 들어본다면, 지금 곧 영화의 장면에 대입하더라도 전혀 이질감이 느껴지지 않을 정도이다. 조니 그린우드는 이 곡을 비롯한 영화의 여러 곡에서 현대음악의 기법을 데려온다. 영화에서 음악은 불현듯 등장했다 사라지기를 반복하고, 음악을 지탱하는 악기들은 음률을 연주해내기보다 음향을 만들어내는 위치에 더 가깝다. 현악기의 테크닉으로 연출해 낼 수 있는 모든 기괴한 사운드를 뿜어내며 영화의 어둡고 그로테스크한 느낌을 절묘하게 재현해 냈다.

조니 그린우드가 영화에서 재현한 또 하나의 독창적인 스타일로

8번 트랙인 'Ywnrh'를 이야기 해보고 싶다. 순간 오케스트라의 현악 파트들이 음정 조율을 하는 소리를 담은 게 아닐까? 하는 착각을 하게 만들었던 이 곡은 'You Were Never Really Here'의 첫 자를 그대로 담아 제목으로 옮겼다. 이 음악은 과감하게도 영화 제목을 그대로 달아 영화를 그대로 옮겨내었다. 그리고 그 속에서 망가진 세계 안에 무너진 채 살아가고 있는 조의 모습 그대로를 담아냈다. 현악 4중주로 구성된 이 곡의 조성도 박자도 명확하지 않은 바이올린의

영화 〈너는 여기에 없었다〉

지속음으로 시작되고 뒤이어 연주되는 또 다른 바이올린의 지속음이 중첩되며 음악은 불규칙하게 뒤섞여 불쾌한 소음이 되어버린다.

영화 <너는 여기에 없었다>의 장면들을 유심히 살펴보면, 음악의 보조를 받는 장면들은 대부분 조와 함께 한다. 그가 자신의 과거와 현재를 오고가며 방황하는 동안 음악은 조의 내면을 설명하고 그의 나약한 내면과 그 속에서 발버둥치는 고립된 자아를 음악으로 친절하게 풀어낸다. 이미 규정된 음악의 형식을 위배하며 오로지 주인공의 내면을 표현하기에만 집중했던 조니 그린우드의 이번 작품들은 많은 부분 펜데레츠키의 현대음악을 떠올리게 하지만, 그 – 또는 라디오 헤드 – 의 상징이라 할 수 있는 전자음악적 요소에 대한 애착도 놓지 않는다. 8번 트랙인 'Ywnrh'의 이채로운 구석은 전반부에 이어지는 현악 4중주의 현대음악 스타일과 2분 30초부터 이어지는 전자음악 장르의 구성이다. 현악기의 중첩된 소리로 혼란스럽게 흔들었던 전반부 음악이 서서히 고조되며 음악은 정점에 이르러 전기적 사운드와 함께 음악은 정지된다. 그리고 이어지는 사운드는 정체모를 현악기를 내리치는 사운드에 적용된 후반작업의 결과물이다. 조니 그린우드가 그의 밴드와 그의 음악을 주조해 내는 방식은 주로 신시사이저 합성 방식이다. 모든 악기는 고유한 소리의 파형을 지니는데, 신시사이저는 오실레이터(Oscillator)라는 발진기를 통해 소리의 파형을 바꾸거나 섞어가며 악기의 고유한 소리를 변형시켜 새로운 소리를 창조해 내는 것이다. 이렇게 전자적인 방식을 통해 새롭게 변형된 음색들은 고유의 음색과는 다른 출력 파형을 만들어내고 이를 통해 전혀 들어보지 못한 새로운 악기의 음색으로 바뀌는 것이 가능해진다. 리듬, 화성, 멜로디가 우리가 익히 듣고 즐기는 보편적인 음악 장르의 구성이라면, 전자음악의 장르에서는 '음의 질감(Tone Color)' 또는 '음색(Timbre)'이라는 요소가 음악을 이루는 절대적인 요소가 된다. 따라서 전자의 작곡가들은 그들이 원하는 음악적 세계를 구현하기 위해 멜로디와 화성, 리듬적 편곡에 노력을 들이는 반면 후자인 전자음악은 원하는 음악적 분위기를 창출해 내기 위해 악기의 음색을 찾는데 오랜 시간 공을 들인다. 따라서 동일한 악기 소리로 여러 가지 오실레이터 파형을 변형시키거나 필터를 사용하여 작곡가가 원하는 음색을 통해 음악적 분위기를 연출해 내는 것이 전자음악의 기본 원리라 할 수 있는 것이다.

음악이 묘사하는 조(Joe)

영화의 오프닝 시퀀스는 꽤나 강렬하다. 검은 화면과 함께 들리는 소리는 숫자를 세고 있는 어린아이의 목소리와 그 위에 중첩되어 들리는 남자의 음성이다. 관객들은 아무런 시각적 정보를 획득

할 수 없는 이 검은 화면에서 오로지 청각에만 의존한 채 영화에 집중한다. 그리고 예상 없이 등장하는 장면은 비닐을 덮어 쓴 채로 거친 숨을 내쉬고 있는 한 남자의 클로즈업 쇼트이다. 그는 주인공 조이다. 곧이어 조의 직업에 대한 설명을 끊임없는 클로즈업으로 나열한다. 험상궂게 생긴 외모와는 달리 너무도 완벽하게 뒷정리를 하는 그의 섬세함은 그의 직업병일 수도 있지만, 아마도 감독이 원했던 조의 모습일지도 모르겠다. 호텔방을 나섬과 동시에 재생되는 음악은 일렉트릭 기타의 사운드이다. 강렬한 이펙터(effector)로 무장된 일렉트릭 기타의 음색은 주인공의 첫 등장을 주목시키는데 큰 역할을 한다. 그러나 기타의 음색은 곧 기타의 배음들이 중첩되고 일그러지며 불안한 음색을 드러내고 호텔 로비의 장면으로의 교체와 함께 음악은 갑작스레 전환된다. 이 갑작스러움에 영화의 화면 안 음악인 소스뮤직(Source Music)*인가 하는 생각을 할 때 쯤, 음악의 볼륨이 상승되며 완벽한 화면 밖 음악으로 인식된다. 장면은 곧이어 호텔 외부로 이동하고, 음악은 아무런 예고 없이 중단되어 버린다. 언제나 사려 깊게 관객들의 마음을 어우르고 감정을 이끌어냈던 영화음악들에 익숙해져 있던 관객들이라면 이 불친절한 음악에 적잖게 당황할지도 모르겠다. 그러나 이것은 영화의 처음부터 끝까지 이어지는 이 영화의 절대적 스타일이다.

호텔을 나서는 조 앞에 나타난 괴한을 흠씬 두들겨 패주고 걸어

가는 장면에서 강렬한 전자베이스의 리듬과 함께 음악이 시작된다. 오프닝 시퀀스에서 등장한 세 번째의 곡이며 스코어의 7번째 트랙인 'Dark Streets'다. 전자베이스의 탄탄한 저음이 압권인 이 곡은 영화에서 여러 차례 다양한 편곡으로 등장하는데, 이 또한 조니 그린우드의 음색에 대한 애착을 보여주는 부분이다. 변주된 모든 곡에서 과도하게 사용되는 베이스의 저음은 매우 노골적이다. 이 풍부한 베이스의 저음은 주인공 조의 육중한 실루엣을 형상화한 것 같기도 하고, 머리숱보다 몇 배나 풍성해 보이는 그의 수염 속 무표정한 얼굴 같기도 하다. 음악의 분위기에 따라 음색 조정이 가능한 베이스 악기는 멜로디를 연주할 수 있는 악기이며, 드럼이나 비트를 함께 이끌며 리듬을 연주하는 악기이다. 따라서 이 둘 중 어느 부분에 집중을 하느냐에 따라 베이스의 음색을 달리 사용하는 경향이 있다. 가령 베이스를 멜로디 악기로 사용할 경우 코드톤(Chord tone)과 멜로디를 보강하기 위해 베이스의 음량을 강조시킬 필요가 없다. 오히려 베이스의 서스테인(Sustain)을 길게 하여 음악적인 울림을 풍부하게 만들고 멜로디를 보강하여 사용하는 것이다. 그러나 반대로 베이스가 리듬을 강조하는 위치에서 사용된다면 킥드럼의 비트와 함께 곡 전체의 리듬을 이끌어 가도록 음량의 레벨을 높여 사용한다. 강열한 리듬의 무게와 힘을 표현하기 위해 베이스의 서스테인을 빠르게 감소시키고 음압을 강하게 하여 탄탄하고 파워풀한 베이스 음색으로 사로잡는다. 영화 <너는 여기에 없었다>에서 사용한 전자베이스의 음색은 후자의 기능에 가깝다. 영화에서 연주되는 강력한 베이스 라인은 드럼과 동일한 움직임으로 리듬을 강조시키며 영화 전체의 분위기를 압도하는 것이다. 택시 안의 조의 모습과 음악은 계속된다. 그러다 어느 순간 택시기사의 흥얼거리는 찬송가 소리가 들리기 시작한다. 사운드트랙은 찬송가의 소리와 중첩되지만 이 강박적이고도 강렬한 스코어와 찬송가의 가사, 둘 중 어느 하나도 소거되지 않는다. 알고 보면 이 5분 동안 이어지는 강렬함의 8할은 음악이다.

조니 그린우드, 그리고 영화 <너는 여기에 없었다>의 음악을 어떻게 해석할 수 있을까? 현대음악과 전자음악의 결합, 그것이 이 영화의 음악을 설명할 수 있는 가장 단순하고도 또렷한 설명이 아닐까. 자신의 본래 철학을 잃지 않으면서도 새로운 것을 시도하려는 대범함, 그와 동시에 감독의 예술이라는 영화매체에 대한 절대적인 이해와 배우의 연기에 대한 이입을 통해 얻어진 음악적 결과물은 영화음악감독으로서의 자질을 완벽히 증명하였다.

*펜데레츠키(Krzysztof Penderecki,1933-2020): 폴란드 출신의 세계적인 작곡가이자 지휘자. 획기적이면서도 전위적인 종교곡과 교향곡을 선보이인 20세기 현대음악의 거장이다.

*소스뮤직(Source Music): 영화 속 내재 음악의 다른 명칭이다.

[도서 광고]

모노폴리 출판사 『음악 에세이 순례』 시리즈(1~2)

목마르다 – 사순과 부활 음악묵상집

유영민 지음 / 220쪽 / 46판 / 12,000원

하느님께 고백하는 음악학자의 사순과 부활에 관한 음악묵상집으로, 음악 한 곡 한 곡에 얽힌 자신의 하느님에 대한 일상의 이야기와 대작곡가들의 삶과 종교, 그리고 음악 이야기를 산책하듯 편안하게 풀어냈다.

저자 유영민은 서울대학교 음악대학에서 음악학을 전공했다. 졸업 후 예술의전당에서 공연기획 업무를 담당했고, 월간 『객석』에서 서양 음악 및 국악 담당 기자로 활동했다. 이후 늦은 나이에 미국 유학길에 올라 UCLA에서 음악 인류학을 공부하며, 서양 음악에서 시작된 음악 여정을 우리 음악을 비롯한 비서구 음악/월드 뮤직으로 확장시켰고, '남북한과 남북한 디아스포라 음악'을 주제로 박사 학위를 받았다. 지금은 한국예술종합학교에 출강하며, 세계 곳곳의 음악과 문화와 역사 이야기를 글로 엮는 중이다.

들리는 음악, 들리지 않는 생각

신혜승 지음 / 308쪽 / 신국판 / 16,000원

이 책에 소개된 12개의 글은 보다 많은 사람들이 음악을 통해 말하고 듣고 느끼게 되기를 기대하며 쓴 글로, 필자는 진심, 사랑, 시공간, 상상이라는 네 개의 카테고리 안에서 음악에 내재해 있는 숱한 삶의 정황들을 담아냈다.

저자 신혜승은 이화여자대학교 피아노과를 졸업하고 동대학원에서 피아노 전공으로 석사학위를, 18세기 영국의 기악음악에 대한 연구로 음악학 박사학위를 취득하였다. 18세기 서양음악은 물론, 음악과 공간, 음악과 젠더, 음악과 시각예술, 음악과 사회문화, 음악과 문학, 음악과 정치와의 관계를 음악학적인 입장에서 새롭게 조망하는 연구에 관심을 두고 있다. 최근에는 기존의 관심 외에도 디지털 음악학 분야에 관심의 폭과 깊이를 넓혀가고 있다. 이화여자대학교 객원교수를 거쳐 현재(2020년)는 연세대·세종대·서강대·건국대·한양대에서 음악사 및 음악문화콘텐츠 관련 강의를 하고 있으며, 뮤직스토리텔링 연구소 대표로 연구 및 저술, 창작, 기획, 강연 등의 활동을 하고 있다.